O coordenador
pedagógico
e a formação
docente

Leitura indicada

1. O coordenador pedagógico e a educação continuada
2. O coordenador pedagógico e a formação docente
3. O coordenador pedagógico e o espaço da mudança
4. O coordenador pedagógico e o cotidiano da escola
5. O coordenador pedagógico e questões da contemporaneidade
6. O coordenador pedagógico e os desafios da educação
7. O coordenador pedagógico e o atendimento à diversidade
8. O coordenador pedagógico: provocações e possibilidades de atuação
9. O coordenador pedagógico e a formação centrada na escola
10. O coordenador pedagógico no espaço escolar: articulador, formador e transformador
11. O coordenador pedagógico e o trabalho colaborativo na escola
12. O coordenador pedagógico e a legitimidade de sua atuação
13. O coordenador pedagógico e seus percursos formativos
14. O coordenador pedagógico e questões emergentes na escola
15. O coordenador pedagógico e as relações solidárias na escola
16. O coordenador pedagógico e os desafios pós-pandemia
17. O coordenador pedagógico e seu desenvolvimento profissional na educação básica

O coordenador pedagógico e a formação docente

Eliane Bambini Gorgueira Bruno
Laurinda Ramalho de Almeida
Luiza Helena da Silva Christov
ORGANIZADORAS

Ana Archangelo Guimarães
Cecília Hanna Mate
Elsa Garrido
Fábio Camargo Bandeira Villela
Francisco Carlos Franco
José Cerchi Fusari
Maria Ilza Mendonça Santos
Maristela Lobao de Moraes Sarmento
Sylvia Helena Souza da Silva
Vera Maria Nigro de Souza Placco

Edições Loyola

Dados Internacionais de Catalogação na Publicação (CIP)
(Câmara Brasileira do Livro, SP, Brasil)

O Coordenador pedagógico e a formação docente / Eliane Bambini Gorgueira Bruno, Laurinda Ramalho de Almeida, Luiza Helena da Silva Christov, organizadoras . -- 13. ed. -- São Paulo : Edições Loyola, 2015.

Vários autores.
Bibliografia.
ISBN 978-85-15-02088-1

1. Coordenadores educacionais 2. Educação - Finalidades e objetivos 3. Pedagogia 4. Professores - Formação I. Bruno, Eliane Bambini Gorgueira. II. Almeida, Laurinda Ramalho de. III. Christov, Luiza Helena da Silva.

15-13824   CDD-370.71

Índices para catálogo sistemático:
1. Coordenação pedagógica : Educação   370.71
2. Coordenadores pedagógicos : Educação   370.71

Conselho editorial:
Abigail Alvarenga Mahoney
Emilia Freitas de Lima
Idméa Semeghini Próspero Machado de Siqueira
Laurinda Ramalho de Almeida
Melania Moroz
Vera Maria Nigro de Souza Placco

Capa: Amanda Ap. Cabrera
       Ronaldo Hideo Inoue
Diagramação: Flávia Dutra

Edições Loyola Jesuítas
Rua 1822 n° 341 – Ipiranga
04216-000 São Paulo, SP
T 55 11 3385 8500/8501, 2063 4275
editorial@loyola.com.br
vendas@loyola.com.br
www.loyola.com.br

Todos os direitos reservados. Nenhuma parte desta obra pode ser reproduzida ou transmitida por qualquer forma e/ou quaisquer meios (eletrônico ou mecânico, incluindo fotocópia e gravação) ou arquivada em qualquer sistema ou banco de dados sem permissão escrita da Editora.

ISBN 978-85-15-02088-1

13ª edição: 2015

© EDIÇÕES LOYOLA, São Paulo, Brasil, 2000

Índice

Apresentação 7

Espaço de formação continuada para o professor-coordenador 9
Elsa Garrido

Formação contínua de educadores na escola e em outras situações 17
José Cerchi Fusari

A formação do professor: reflexões, desafios, perspectivas 25
Vera Maria Nigro de Souza Placco
Sylvia Helena Souza da Silva

O coordenador pedagógico e o professor iniciante 33
Francisco Carlos Franco

O professor-coordenador e as atividades de início de ano 38
Ana Archangelo Guimarães
Fábio Camargo Bandeira Villela

Reuniões na escola: oportunidade de comunicação e saber 56
Eliane Bambini Gorgueira Bruno
Luiza Helena da Silva Christov

O coordenador pedagógico e o desafio das novas tecnologias 65
Maristela Lobão de Moraes Sarmento

O coordenador pedagógico e as reformas pedagógicas 72
Cecília Hanna Mate

A dimensão relacional no processo de formação docente:
uma abordagem possível....... 78
Laurinda Ramalho de Almeida

Saberes e sentimentos dos professores 89
Maria Ilza Mendonça Santos

A Mariazinha Fusari
(*IN MEMORIAM*)
CARINHO E SAUDADE

Apresentação

A necessidade de registro e comunicação das reflexões suscitadas nos contatos que estabelecemos com coordenadores pedagógicos, nos mais diversos projetos de educação continuada, levou-nos a organizar pela segunda vez uma publicação especialmente voltada para esses profissionais.

Procuramos reunir textos voltados diretamente para a intervenção do coordenador junto aos professores. Assim, o leitor encontrará desde sugestões para a organização das reuniões que acontecem na escola até fundamentações para o uso de novas tecnologias em educação.

Nos últimos dois anos, temos constatado uma preocupação crescente com o preparo do coordenador pedagógico, seja por meio de cursos de especialização, seja por meio de programas de educação continuada nas redes municipais e estaduais de ensino.

Tal preocupação nos incentivou a organizar esta coletânea, dando continuidade ao diálogo já aberto com os coordenadores por ocasião da publicação de *O Coordenador pedagógico e a educação continuada,* em 1998.

Esperamos mais uma vez que esta oportunidade de comunicação e divulgação de experiências e reflexões possa ser útil aos coordenadores que, nas escolas brasileiras, procuram saídas, soluções, caminhos e um modo especial de ser educador.

São Paulo, março de 1999
ELIANE BAMBINI GORGUEIRA BRUNO
LAURINDA RAMALHO DE ALMEIDA
LUIZA HELENA DA SILVA CHRISTOV

1
Espaço de formação continuada para o professor-coordenador

Elsa Garrido
Professora de Didática
da Faculdade de Educação da USP
egarrido@usp.br

O trabalho do professor-coordenador é fundamentalmente um trabalho de formação continuada em serviço. Ao subsidiar e organizar a reflexão dos professores sobre as razões que justificam suas opções pedagógicas e sobre as dificuldades que encontram para desenvolver seu trabalho, o professor-coordenador está favorecendo a tomada de consciência dos professores sobre suas ações e o conhecimento sobre o contexto escolar em que atuam. Ao estimular o processo de tomada de decisão visando à proposição de alternativas para superar esses problemas e ao promover a constante retomada da atividade reflexiva, para readequar e aperfeiçoar as medidas implementadas, o professor-coordenador está propiciando condições para o desenvolvimento profissional dos participantes, tornando-os autores de suas próprias práticas.

Esse trabalho é por si só complexo e essencial, uma vez que busca compreender a realidade escolar e seus desafios, construir alternativas que se mostrem adequadas e satisfatórias para os participantes, propor um mínimo de consistência entre as ações pedagógicas, tornando-as solidárias e não isoladas ou em conflito umas com as outras.

Essa tarefa formadora, articuladora e transformadora é difícil, primeiro, porque não há fórmulas prontas a serem reproduzidas. É preciso criar soluções adequadas a cada realidade. Segundo, porque mudar práticas pedagógicas não se resume a uma tarefa técnica de implementação de novos modelos a substituir programas, métodos de ensino e formas de avaliação costumeiros. Mudar práticas significa reconhecer limites e deficiências no próprio trabalho. Significa lançar olhares questionadores e de estranhamento para práticas que nos são tão familiares que parecem verdadeiras, evidentes ou impossíveis de serem modificadas. Significa alterar valores e hábitos que caracterizam de tal modo nossas ações e atitudes que constituem parte importante de nossa identidade pessoal e profissional. Mudar práticas implica o enfrentamento inevitável e delicado de conflitos entre os participantes (professores, alunos, pais e a hierarquia do sistema escolar), originados de visões de mundo, valores, expectativas e interesses diferentes. Mudar práticas implica mudanças nas formas de relacionamento entre os participantes, e isso pode gerar desestabilidade na estrutura de poder, riscos de novos conflitos, desgastes e frustração para a comunidade escolar. Mudar práticas pedagógicas significa empreender mudanças em toda a cultura organizacional.

Essas dificuldades por si só tornam compreensíveis atitudes de resistência à mudança por parte de muitos professores. Elas se originam em grande parte do risco a que se expõe o corpo docente e a instituição ao introduzirem novas práticas, que ainda não dominam, e cujos resultados nos alunos são incertos[1].

Esse trabalho torna-se ainda mais difícil porque constitui uma prática nova em nossa instituição escolar, sobre a qual não

---

1. Àqueles que se propõem pensar as práticas pedagógicas e introduzir mudanças que visem à qualidade do ensino e da aprendizagem, vale a pena ler as observações instigantes e iluminadoras de Hutmacher sobre as dificuldades insuspeitadas apresentadas pela estrutura burocrática das organizações e por certos aspectos peculiares da realidade escolar, que por serem tão familiares provocam cegueira. O texto de Hutmacher está no livro de António Nóvoa, *As organizações escolares em análise*, Lisboa, Editora Dom Quixote, 1992, pp. 43-76.

há experiência acumulada em nosso meio e para a qual muitos professores não se sentem preparados. Daí cobrarem propostas e soluções prontas do professor-coordenador.

Por sua vez, o professor-coordenador encontra obstáculos para realizar sua atividade. É atropelado pelas urgências e necessidades do cotidiano escolar. Enquanto figura nova e sem tradição na estrutura institucional, tem suas funções ainda malcompreendidas e mal-delimitadas. Com poucos parceiros e frequentemente sem nenhum apoio na unidade escolar, precisa vencer seus medos, suas inseguranças, seu isolamento para conquistar seu espaço.

As considerações acima podem não ser novidade. Foram, entretanto, retomadas para reforçar a dificuldade e a importância fundamental do trabalho que pode e precisa ser desenvolvido no Horário de Trabalho Pedagógico Coletivo (HTPC), pois é nesse espaço coletivo que os professores, ao criarem propostas de ensino para responder aos desafios de sua escola, estão construindo sua qualificação profissional. É preciso por isso investir nesse espaço, e isso significa que é preciso investir na formação do professor-coordenador, na medida em que ele é o agente estimulador e articulador desse processo. Para tanto, é preciso que ele, figura isolada em sua unidade escolar, tenha também um espaço coletivo e formador, análogo ao HTPC, no qual possa apresentar as dificuldades inerentes à sua nova função, partilhar angústias, refletir sobre sua prática como coordenador, trocar experiências... crescer profissionalmente, para poder exercer de forma plena sua função formadora e promotora do projeto pedagógico.

Uma experiência de formação continuada com professores-coordenadores

Durante um ano e meio, trabalhei com um grupo de aproximadamente cinquenta professores-coordenadores, pertencentes à 19ª Delegacia de Ensino, como parte do Programa de Educação Continuada da Secretaria de Educação em convênio com a USP (PEC 97/98).

Demos início ao trabalho conjunto no segundo semestre de 1997. As primeiras reações do grupo mostraram analogia com as reações negativas de muitos professores no HTPC. Nosso primeiro encontro também começou mal. Não haviam escolhido o curso que iniciava. De fato, tinham sido intimados a comparecer. Surgiram manifestações de resistência à Secretaria, ao Programa e à Academia. Estavam impacientes, reclamavam, queriam propostas e soluções claras, "não estavam ali para pensar, para perder tempo".

Aos poucos, foram expondo suas dificuldades pessoais: sua função "não era prestigiada pela direção", "não eram reconhecidos pelos pares". Sentiam-se "desgastados" e "pressionados". "Não sabiam como se conduzir no novo papel." Estavam fragilizados e isolados em sua nova função. Era importante ter um espaço para expressar as angústias e as cobranças.

A coesão do grupo foi nascendo da partilha, do clima de cumplicidade e do reconhecimento de que tinham trajetórias existenciais, crenças, esperanças, utopias, projetos e problemas comuns. Sentiram-se fortalecidos e comprometidos com o grupo. Por meio da própria vivência, tomaram consciência da importância de trabalhar a identidade e a coesão grupal entre os professores. Se eles não se identificassem com seus pares e se não houvesse coesão do grupo, o trabalho coletivo não teria como andar, por falta de compromisso, envolvimento, confiança, respeito e espírito de cooperação. Apresentaram exemplos de situações e de atitudes que podiam favorecer ou minar o trabalho coletivo. Esses casos foram dramatizados e discutidos pelo grupo.

Menos angustiados e mais esclarecidos sobre a natureza do trabalho do professor-coordenador, foi possível definirmos conjuntamente uma agenda dos encontros e a dinâmica das sessões. Partia-se da análise de situações vividas no cotidiano escolar. As perspectivas eram partilhadas e discutidas. Leituras de experiências ou de textos reflexivos traziam outros aportes.

O trabalho diário era registrado. Não era um relato burocrático, mas uma produção elaborada que procurava mostrar as questões, as ponderações, os encaminhamentos e as atividades desenvolvidas pelo grupo. No encontro seguinte, cada um recebia uma cópia desse registro da produção coletiva, além de outros textos produzidos pelos colegas, como contribuição individual ao grupo (experiências bem-sucedidas, reflexões, poesias...). Esse texto era lido, apreciado, complementado. Ao final do curso o grupo tinha produzido um livro que contava o caminhar, as questões, as reflexões, as experiências e as conquistas que conseguiram tecer em comum.

As possibilidades de atuação do professor-coordenador foram ficando mais claras, ao mesmo tempo em que se criavam formas mais variadas de estimular o envolvimento, a participação e a organização do trabalho dos professores no HTPC. Essas atividades decorriam de um trabalho prévio do professor-coordenador com cada professor no sentido de conhecer seu trabalho, de ouvir suas dificuldades e ajudá-lo ou de valorizar suas experiências, dando espaço para divulgá-las no HTPC. Essas conquistas dos professores-coordenadores em suas unidades escolares eram apresentadas e socializadas em nossos encontros. Iam construindo aos poucos seu espaço como coordenadores e estimulando a formação de "um corpo" docente.

A par desse trabalho de identificação dos participantes com vistas à coesão do grupo, começamos a trabalhar as questões inerentes ao processo de construção do projeto pedagógico. Ele demanda tempo, porque supõe mudança de mentalidade, ousadia, coragem para implementar o novo e humildade para reconhecer diante dos pares que o trabalho de cada um está insatisfatório e é por isso que todos estão reunidos para pensá-lo. Mudanças de mentalidade não se decretam, são amadurecidas num processo paciente e frágil, exigindo reforço, suporte, atenção e tempo. O relato de experiências de formação continuada de parceria universidade-escola, empreendidas em outros países e no Brasil, mostrou que o processo de transformação das práticas escolares é longo e complexo, demandando de três a quatro anos. Não poderiam, portanto, cobrar, nem de si nem dos professores, respostas imediatas aos problemas que enfrentavam, pois um projeto pedagógico nada mais era que a expressão de um processo que se aperfeiçoava à medida que o grupo amadurecia suas análises e transformava suas práticas.

A variedade de dúvidas sobre as novas regulamentações que diariamente surgiam para regulamentar a implantação da nova Lei de Diretrizes e Bases da Educação na rede escolar e a diversidade de prioridades que os professores-coordenadores precisavam enfrentar em suas unidades escolares exigiram a criação de subgrupos. Denominamo-los "grupos de referência". Deveriam levantar documentação e experiências que pudessem subsidiar o trabalho dos professores-coordenadores, superando a simples partilha informal de experiências e a tomada de decisão apressada. Dentre os temas que emergiram no segundo semestre de 1997 estavam a evasão e repetência, formas de reforço e recuperação, a violência e indisciplina, o envolvimento e a participação dos professores, estratégias de trabalho nos HTPC...

No primeiro semestre de 1998, os "grupos de referência" preferiram dedicar-se ao aprofundamento de questões pedagógicas relevantes para a construção do projeto pedagógico, em vez de se dispersarem na tentativa de tratar questões emergentes. Os subgrupos tornaram-se verdadeiros "grupos de estudo". Assumiram a responsabilidade de levantar experiências e material bibliográfico, de propor atividades ou estratégias de ação e de informar o grupo sobre cursos e eventos. Os novos temas geradores foram: 1) o "coletivo" — a promoção da interação entre as pessoas; 2) o registro no processo de construção coletiva; 3) mudanças de práticas na sala de aula; 4) a construção do projeto pedagógico: etapas e estratégias; 5) atividades extraclasse e suas relações com a disciplina, o respeito e a participação do aluno; 6) violência e relação comunidade-escola. Alguns subgrupos preferiram trabalhar questões específicas: classes de aceleração, salas-ambiente, ciclo básico...

Os "grupos de referência" constituíram-se em "equipes de apoio" para o professor-coordenador. Ofereciam-lhe subsídios para dar ao seu desempenho melhor qualidade profissional.

A trajetória da crescente organização e autonomia desse grupo de professores-coordenadores se refletiu na forma como cada um foi organizando a participação dos professores em suas unidades escolares, formando subgrupos com responsabilidades específicas, criando em cada escola e em cada período escolar "equipes pedagógicas".

Essa experiência de formação continuada com professores-coordenadores constituiu um espaço coletivo de crescimento pessoal e profissional. Ofereceu "oxigênio" e distanciamento necessário para esses profissionais poderem pensar e propor encaminhamentos às questões relevantes das suas unidades escolares, não limitando sua atuação a ações pontuais e apressadas, visando responder às urgências emergentes, correndo sempre atrás do prejuízo. Por isso esse espaço precisa ser preservado.

Em nosso último encontro, assim se manifestou um dos participantes:

> "Agora o PEC está no fim. Temos uma história e um registro das nossas reflexões sobre nossa história profissional. Precisamos encontrar uma forma de nos manter unidos e atuantes. Precisamos criar um FÓRUM PERMANENTE DOS PCs DA 19ª, com agenda e grupos organizados dando continuidade ao registro dessa história. Precisamos continuar juntos para interferir mais, para achar mais canais para interferirmos mais. Temos de negociar tempo para esses encontros. Precisamos dos endereços e telefones residenciais para correspondência e contato".

Alguns voluntários se encarregaram de cadastrar os nomes dos participantes de cada subgrupo para enviar, via mala-direta, boletins e informações, criando assim uma rede de comunicação entre eles. E uma reunião foi marcada para dar início aos trabalhos de 1999.

Em outros espaços, o Projeto de Educação Continuada da Secretaria de Educação (PEC 97/98) com certeza propiciou outras histórias de crescimento profissional coletivo. Tendo em vista nossas considerações iniciais sobre a importância e a complexidade do processo de construção do projeto pedagógico e sobre o papel fundamental do professor-coordenador nesse processo, acreditamos que essas histórias de formação continuada precisam ter continuidade.

De que forma?

Várias alternativas podem ser formuladas. Uma alternativa simples foi levantada por um dos participantes dos nossos encontros: reuniões mensais de professores-coordenadores de uma mesma delegacia, com pauta definida de socialização e reflexão sobre o

trabalho desenvolvido pelos "grupos de referência". Outra alternativa seria a criação de Congressos ou Workshops de professores coordenadores anuais. Uma terceira via seria a criação de redes, via Internet, ou a edição periódica de Boletins Informativos...
O importante é não retornar ao isolamento.

2

Formação contínua de educadores na escola e em outras situações

José Cerchi Fusari
Professor da Faculdade de Educação da Usp
jcfusari@usp.br

O presente texto pretende discutir alguns aspectos da formação contínua de educadores, a partir de dados coletados junto a coordenadores pedagógicos da rede municipal de ensino da cidade de São Paulo.

Dado o exagero de a formação contínua, durante anos, ter centrado suas atividades na retirada dos educandos de seu local de trabalho, principalmente da escola — fato amplamente criticado em todas as avaliações realizadas —, há atualmente uma forte tendência em valorizar a escola como o *locus* da formação contínua.

Concordando com esse enfoque, consideramos, no entanto, necessário ressituar as ações na escola e em outras situações.

No Brasil e em São Paulo, têm ocorrido experiências interessantes nas quais o desenvolvimento profissional dos educadores se dá no cotidiano da escola, sob a coordenação de diretores, coordenadores — pedagógicos, de áreas, de cursos — ou mesmo de professores[1].

A análise dessas experiências mostra que, a fim de a formação contínua de educadores de crianças, adolescentes e de jovens

---

1. Um exemplo bem-sucedido e amplamente citado pelos coordenadores pedagógicos sujeitos desta pesquisa foi o Projeto Grupos de Formação, implantado na gestão Paulo Freire na SMESP — Secretaria Municipal de Educação de São Paulo, a partir de 1990 (Mário Sérgio Cortella e Ana Maria Saul na direção da Divisão de Orientação Técnica — DOT).

e adultos (estes em cursos supletivos) ocorrer na escola básica, é preciso que sejam mantidas algumas condições existentes e outras, ampliadas. A estrutura da carreira, a forma de contrato, a jornada de trabalho, a estrutura e gestão escolar podem facilitar ou dificultar a implantação e/ou implementação de projetos de formação contínua. A exemplo do que ocorre nas universidades públicas e em algumas particulares — ou seja, a contratação de professores para desenvolver, de forma concomitante, ensino, pesquisa e extensão à comunidade —, os professores da educação básica também deveriam ser contratados (e, evidentemente, remunerados) para uma jornada de trabalho na qual teriam de atuar na *docência* (aulas), em *atividades pedagógico-administrativas* (reuniões, conselho de classes, horas-atividade pedagógicas) e em *atividades de formação contínua em serviço* na própria escola (no coletivo) e fora dela. Além de grupos de formação, a escola poderia instituir modalidades de formação. Algumas são muito conhecidas, como ciclos de palestras e grupos de estudo.

Dessa forma, a escola teria, a partir do diagnóstico de suas necessidades, vários e diferentes projetos em andamento, compondo um programa de formação contínua acompanhado e financiado pela Secretaria de Educação. Muitos dos projetos poderiam ser desenvolvidos em parceria com universidades, sindicatos e demais instituições.

Outra alternativa interessante dentro da própria escola, diversa daquelas em que há diferentes grupos de interesses específicos, é a que congregaria toda a escola num projeto coletivo de formação contínua. Nessa perspectiva, em alguns momentos do ano, *toda a escola* estaria reunida para repensar-se e repensar o trabalho que vem desenvolvendo, numa dinâmica que envolveria direção, corpo administrativo, corpo técnico, professores, especialistas, representantes de alunos e representantes da comunidade[2]. Um

---

2. O Cenafor/MEC, extinto em 1986, desenvolveu um projeto dessa natureza com a rede federal de ensino técnico industrial (Escolas Técnicas Federais Industriais), no período 1982-1986. Financiado pelo Banco Mundial e apoiado pelo MEC, esse projeto, graças a um planejamento rigoroso e ao desen-

projeto dessa natureza poderia gerar vários subprojetos, que seriam desenvolvidos ao longo do ano e dos semestres, como grupos de formação, ciclos de palestras e grupos de estudo, constituindo um rico processo de formação contínua.

Se exageros houve nas propostas de formação contínua fora da escola, precisamos agora tomar o cuidado de não correr o risco contrário, pois, dependendo dos objetivos, o ideal é que a *formação contínua* ocorra num processo articulado *fora e dentro da escola*. Por um lado, a prática da formação contínua no cotidiano da escola apresenta muitos pontos positivos, mas, por outro, a saída dos educadores para outros locais formadores também pode ser bastante enriquecedora.

As redes federal, estadual e municipal de ensino são ricas em exemplos de atividades que deram certo exatamente porque retiraram o educador das escolas, das delegacias de ensino e dos órgãos técnicos. O deslocar-se, em si, é importante por vários motivos. Tomar distância do próprio trabalho, olhá-lo de longe, percebê-lo sob a ótica de outras leituras pode ter efeito muito satisfatório na avaliação que o educador faz do seu trabalho e do trabalho dos colegas.

Outro exemplo interessante é a participação dos educadores em encontros e congressos regionais, estaduais e nacionais, nos quais conhecem pessoas diferentes, autores, obras, trocam experiências, ampliam contatos, trocam materiais etc. Além do enriquecimento profissional que propiciam, essas situações oferecem novas oportunidades para o enriquecimento pessoal e cultural dos educadores. Quantas vezes não observamos a avidez com

---

volvimento da equipe, conseguiu garantir, durante quase cinco anos, regularidade, continuidade e aprofundamento. Foram várias as ocasiões em que as escolas paravam durante uma semana e toda a equipe participava, em período integral, das atividades de capacitação. Além disso, o projeto desenvolveu ações de capacitação à distância, entremeadas às ações na escola. No decorrer da experiência, dentre alguns bons resultados, tudo indica que o mais significativo tenha sido o de vivenciar nas escolas um processo de formação contínua apoiado na ação-reflexão-ação. Além disso, as ações do projeto conseguiram, em algumas situações, romper parte da gestão autoritária, fazendo acontecer um trabalho participativo, de troca entre os educadores.

que colegas se lançam em programas culturais — teatro, cinema, museus, livrarias, exposições, shows —, tão raros em algumas localidades do interior do Estado e do país. São inesquecíveis os depoimentos de educadores que elogiam a oportunidade que tiveram de se distanciar da escola, da família e da própria cidade. O desenvolvimento pessoal e profissional do educador deve ser considerado sempre no contexto mais amplo da cultura do país e do mundo.

Na década de 1990, um convênio da SMESP com a FEUSP para a realização do curso de aperfeiçoamento "O Coordenador Pedagógico: Identidade em Construção" — durante o qual os coordenadores pedagógicos iam à USP uma vez por semana, combinando, assim, trabalho e capacitação — obteve dos participantes uma avaliação positiva. Alguns deles, ao conhecerem a Cidade Universitária e o que ela oferecia (laboratórios, bibliotecas, livrarias, museus, oficinas e a própria área verde do campus), além de cursos, passaram a percebê-la como um bem público à disposição dos educadores.

Nas décadas de 1980 e 1990, na conjuntura da análise crítica da formação contínua tal como vinha sendo realizada, fizeram-se questionamentos quanto ao local em que ela deveria ocorrer; ou seja, questionava-se se o melhor seria a formação contínua ocorrer no cotidiano da própria escola ou fora dela (universidades, órgãos da Secretaria da Educação etc.) ou uma combinação entre esses dois locais. Em relação a essa questão, os 80 CPs — coordenadores pedagógicos que participaram de pesquisa sobre Formação Contínua de Educadores (dentre os 1.100 CPs que frequentaram o curso "O Coordenador Pedagógico: Identidade em Construção", acima referido) — tomaram esta posição: apenas 2 CPs (2,4%) afirmam que a formação contínua na própria escola *não funciona*; quanto ao funcionamento do local, 55 (68,7%) afirmam que *funciona muito* a formação contínua fora e dentro da escola; 32 (40%), no cotidiano da própria escola, e 27 (33,7%), fora da escola. É animador constatar que a maioria já percebe o valor de a formação contínua ocorrer no cotidiano de trabalho e também, mas não só, fora da escola.

Opiniões sobre o funcionamento do local da Formação Contínua

LOCAL DA FORMAÇÃO CONT NUA	Não funciona	Funciona			Respostas		Total
		Muito	Em parte	Pouco	Val.	Inv.	
1. Formação no cotidiano da própria escola	2,4 [2]	40,0 [32]	51,3 [41]	6,3 [5]	100,0 [80]	—	100,0 [80]
2. Formação fora da escola	—	33,7 [27]	60,0 [48]	6,3 [5]	100,0 [80]	—	100,0 [80]
3. Formação fora e dentro da escola	—	68,7 [55]	30,0 [24]	1,3 [1]	100,0 [80]	—	100,0 [80]

Aqueles CPs que ficaram no meio-termo (*em parte*) se distribuíram na seguinte ordem: 48 (60%), formação fora da escola; 41 (51,3%), no cotidiano da escola e 24 (30%), fora e dentro da escola. Essas informações podem ser visualizadas na tabela a seguir:

Para ser bem-sucedido, qualquer projeto de formação contínua realizado na escola ou em outro local precisa ter assegurado algumas condições. É preciso que os educadores sejam valorizados, respeitados e ouvidos — devem expor suas experiências, ideias e expectativas. É preciso também que o saber advindo de sua experiência seja valorizado; que os projetos identifiquem as teorias que eles praticam e criem situações para que analisem e critiquem suas práticas, reflitam a partir delas, dialoguem com base nos novos fundamentos teóricos, troquem experiências e proponham formas de superação das dificuldades.

A formação contínua de educadores que atuam na escola básica será mais bem-sucedida se a equipe escolar, liderada pelos diretores e coordenadores (pedagógicos, de áreas, cursos e períodos), encará-la como valor e condição básicos para o desenvolvimento profissional dos trabalhadores em educação. A estrutura e a gestão democrática são elementos essenciais por enaltecerem a participação e o envolvimento dos professores e técnicos. Nesse sentido, a título de exemplo, o calendário escolar precisa garantir anualmente (semestres, bimestres, meses, dias) oportunidades para que os professores se encontrem, analisem, problematizem, façam trocas, enfim, reflitam na e sobre a ação, concretizando, assim, a formação contínua na rotina escolar[3]. Dessa forma, ela não será percebida como eventual, esporádica, mas como algo inerente ao trabalho educativo que a escola realiza.

---

3. Em São Paulo, a Escola Estadual de Primeiro e Segundo Graus Dr. Edmundo Carvalho, conhecida como "Experimental da Lapa", o Vocacional (extinto no início da década de 1970), a Escola de Aplicação da FEUSP e uma escola experimental criada pela SMESP (na década de 1970) são exemplos de projetos de escolas que valorizaram e entenderam a formação em serviço como meio para o aperfeiçoamento da prática pedagógica, melhorando, assim, a qualidade do ensino e a aprendizagem dos alunos.

Há muito tempo os educadores reivindicam melhores condições de formação (inicial e contínua) e de trabalho, binômio fundamental para conceber, elaborar, desenvolver e avaliar um projeto político-pedagógico da escola comprometida com a formação da cidadania do educando, que tenha como pressuposto a inserção crítica dos alunos na sociedade. Não se trata, pois, de reforçar a inserção existente, já que inseridos eles estão, sempre estarão, de uma forma ou de outra; a escola, o currículo pela mediação do conhecimento, precisa oferecer aos educadores elementos para que desenvolvam, aprimorem uma percepção crítica da sociedade, posicionem-se, apresentem propostas e ajam coerentemente com suas crenças e intenções.

Assumindo uma posição realista e positiva, é possível afirmar que, apesar de todas as dificuldades que assolam a educação brasileira, a formação contínua de educadores vem crescendo como proposta e, também, como área de conhecimento. Um indício imediato é o espaço que a formação contínua tem conseguido em congressos e reuniões (nacionais, estaduais e municipais) de educadores[4]. É preciso cautela para que ela não decole como área independente, mas como parte integrante da formação do educador.

A formação contínua na escola e fora dela dependem, como dissemos, das condições de trabalho oferecidas aos educadores, mas depende também das atitudes destes diante de seu desenvolvimento profissional. Não podemos relegar a formação contínua exclusivamente à responsabilidade do Estado. Cada educador é responsável por seu processo de desenvolvimento pessoal e profissional; cabe a ele o direcionamento, o discernimento e a decisão de que caminhos percorrer. Não há política ou programa

---

4. É possível comprovar essa valorização (1) no Congresso Paulista de Formação de Educadores, que ocorre bienalmente em Águas de São Pedro (SP) desde 1990 e tem no Grupo de Trabalho (GT) de Formação Contínua e no Fórum que o sequencia um *locus* dos mais avançados de discussão na área, e (2) em Congressos Internacionais de Educação (França, Portugal e Espanha são alguns exemplos). Tudo indica que a área terá também espaço no GT de Formação de Educadores na ANPED (Associação Nacional de Pesquisadores e Pós-Graduação em Educação) a partir de 1998.

de formação contínua que consiga aperfeiçoar um professor que não queira crescer, que não perceba o valor do processo individual-coletivo de aperfeiçoamento pessoal-profissional.

Uma política de formação contínua consubstanciada em um programa composto por vários projetos, desenvolvida por uma Secretaria de Educação, delegacias de ensino e escolas, precisa discutir com os educadores o que é facultativo e o que é obrigatório no processo. Para realizar esse tipo de programa é necessário instituir uma jornada de trabalho para educadores em escolas básicas que preveja tempo e espaço para aulas e atividades pedagógico-administrativas de formação contínua e pesquisa. Dizendo de outra maneira, algumas atividades de formação em serviço são obrigatórias para os professores, principalmente quando vinculadas ao desenvolvimento do projeto pedagógico da escola.

3

A formação do professor: reflexões, desafios, perspectivas

Vera Maria Nigro de Souza Placco
Coordenadora e professora do Programa de Estudos
Pós-graduados em Educação: Psicologia da Educação da PUC-SP
veraplacco@pucsp.br

Sylvia Helena Souza da Silva
Professora da Unifesp

Formação de professores: uma construção social

A discussão sobre formação docente é antiga e, ao mesmo tempo, atual: antiga, pois, em toda a nossa história da Educação tem sido questionada a maneira como são formados nossos professores; atual porque, nos últimos anos, a formação do professor tem se apresentado como ponto nodal das reflexões sobre qualidade do ensino, evasão e reprovação; atual, ainda, por seu significado de ampliação do universo cultural e científico daquele que ensina, dadas as necessidades e exigências culturais e tecnológicas da sociedade.

No entanto, a expressão "formação de professores" traz uma questão nuclear. O que é formar? O terreno das representações surge como fundamental quando indagamos acerca dos pressupostos que orientam as ações no campo da formação docente: a perspectiva do formar como um processo que proporciona referências e parâmetros, superando a sedução de modelar uma forma única, e que oferece "um continente e uma matriz a partir das quais algo possa vir a ser" (Figueiredo, 1996, p. 117). Esse formar favorece uma postura crítica diante das múltiplas interpretações e ações que têm sido desenvolvidas na formação de professores.

Outras questões, então, impõem-se: Formar em relação a quê? Que dimensões contém a formação de um professor? Se a formação se dá em diferentes dimensões, não podendo, portanto, ser pensada em uma direção única, quais dimensões podem ser consideradas fundamentais? No movimento de indagar e produzir respostas, sempre relativas e provisórias, privilegiamos, inicialmente, o pensar sobre as dimensões[1] possíveis do formar:

- *A dimensão técnico-científica*: não há controvérsia sobre a necessidade de formar-se o professor do ponto de vista dos conhecimentos técnico-científicos relacionados à sua área. No entanto, há controvérsias quando se considera o atual progresso científico e a rapidez com que as mudanças ocorrem nos diferentes campos. Revê-se a ideia de formação específica universal e amplia-se a ideia de formação básica e sistematizada na área de conhecimento, a fim de garantir a flexibilidade para mudanças e ampliações do campo conceitual.

O domínio do conteúdo não se restringe mais ao conhecimento consistente de uma área específica, mas se exige que esse conhecer se articule com outros saberes e práticas, criando espaços para uma produção que vai além das fronteiras disciplinares. É a busca de um conhecimento técnico-científico inter e transdisciplinar (Fazenda, 1996).

- *A dimensão da formação continuada*: se o profissional formado a partir da compreensão, explicitada anteriormente, não tiver possibilidade de continuar pesquisando, questionando sua área de conhecimento, buscando novas informações, analisando-as e incorporando-as à sua formação básica, o que ocorrerá? Esta flexibilidade, a habilidade de busca, o interesse e a motivação para prosseguir constituem "motores" importantes no assumir da formação continuada.

---

1. Cada uma dessas dimensões tem sido objeto de reflexões e ênfases, segundo diferentes autores, como Adamczewski (apud Lang, 1996) e Placco (1992), entre outros.

É importante destacar que se entende formação continuada como um processo complexo e multideterminado, que ganha materialidade em múltiplos espaços/atividades, não se restringindo a cursos e/ou treinamentos, e que favorece a apropriação de conhecimentos, estimula a busca de outros saberes e introduz uma fecunda inquietação contínua com o já conhecido, motivando viver a docência em toda a sua imponderabilidade, surpresa, criação e dialética com o novo.

- *A dimensão do trabalho coletivo e da construção coletiva do projeto pedagógico*: ficam cada dia mais evidentes a dificuldade e a ineficácia do trabalho isolado. É em torno de um projeto de escola, com claros objetivos de formação do aluno e do cidadão, que professores, diretores e outros profissionais da Educação devem-se congregar para um trabalho significativo junto aos alunos. E trabalhar em cooperação, integradamente, considerando as possibilidades e necessidades da transdisciplinaridade, não é uma ação espontânea, mas nasce de processos de formação intencionalmente desenvolvidos.

- *A dimensão dos saberes para ensinar*: esta dimensão abrange diferentes ângulos, dentre os quais o conhecimento produzido pelo professor sobre os alunos (sua origem social, suas experiências prévias, seus conhecimentos anteriores, sua capacidade de aprender, sua inserção na sociedade, suas expectativas e necessidades), o conhecimento sobre finalidades e utilização dos procedimentos didáticos (os mais úteis e eficazes para a realização da tarefa didática que devem desempenhar), o conhecimento sobre os aspectos afetivo-emocionais, o conhecimento sobre os objetivos educacionais e seus compromissos como cidadão e profissional (visão de Educação, objetivos da Educação, formação de determinado tipo de homem, tendo em vista um determinado e desejado tipo de sociedade).

- *A dimensão crítico-reflexiva*: há necessidade de se ressaltar "o desenvolvimento de reflexão metacognitiva, que implica conhecimento sobre o próprio funcionamento cognitivo pessoal, e de habilidade de autorregulação deste funcionamento" (Gatti, 1997), fundamental para e em qualquer processo formativo. Perceber-se e perceber as ações que realiza, avaliá-las e modificá-las em função da percepção e avaliação são questões fundamentais e sensíveis na formação do professor, que exigem do formador e do formando disponibilidade e compromisso.

- *A dimensão avaliativa*: interpenetrando todas essas dimensões da formação, uma outra se destaca, referente à capacidade avaliativa do professor em relação a aspectos específicos de sua prática pedagógica ou a aspectos específicos estabelecidos ou valorizados pelo sistema ou pela escola em que trabalha. Assim, é fundamental que o professor desenvolva habilidades de coletar, trabalhar, analisar e levantar hipóteses a respeito dos dados, encaminhando propostas e soluções para as questões encontradas.

Na reflexão sobre essas dimensões, pelas quais podem e devem ser formados os professores para que sejam sempre e cada vez mais envolvidos e comprometidos com seu mister de ensinar, surgem questionamentos sobre "como" estruturar, desenvolver e construir essa formação: Qual deveria ser a ação do formador de professores para cada uma dessas dimensões? Devem ser elas trabalhadas em conjunto ou separadamente? Sequencialmente ou simultaneamente? Em formação contínua? Na Universidade, nas Delegacias de Ensino ou na escola em que o professor trabalha? Em grupos de professores da mesma disciplina ou juntando-se os professores de uma mesma escola ou região? Ao longo do período letivo ou em momentos específicos durante os recessos escolares? Por períodos concentrados de formação ou distribuição ao longo do tempo? Que tempo seria esse?

Indaga-se, ainda: essa formação deve estar a cargo de especialistas das diferentes áreas do conhecimento ou de especialistas da área de Educação e Didática? São ações das Secretarias da Educação, das Universidades, das Delegacias de Ensino ou das próprias escolas? Deve-se formar capacitadores que multipliquem as ações formadoras ou estimular os professores a descobrir, em grupos de estudo, as melhores maneiras de enfrentar os desafios da profissão?

Em nossa história da Educação, todos estes e outros meios de formação têm sido usados, ora separada, ora simultaneamente. Temos discutido seus prós e contras, temos sido seus defensores ou detratores. E temos, finalmente, analisado seus resultados e verificado quão pouco os aspectos trabalhados se têm traduzido em ações diferenciadas ou transformadoras em sala de aula. Assim, outro questionamento se nos apresenta: Por que os resultados são desanimadores? O que devemos considerar e que, no entanto, temos deixado de lado?

Enfrentar essas questões remete-nos a movimentos analíticos que nos permitem ampliar a compreensão da formação de professores. Um desses movimentos refere-se ao estudo e à investigação do modo como aprendem os professores, do modo como se formam. Essa questão é uma angústia do formador e do formado, e, em decorrência de nossa história, pouco nos temos detido nela. Programas são definidos, cursos são desencadeados, conferências são proferidas, mas não se questiona para quem são dirigidos, quais as necessidades dos que deles participam, em que medida influenciam os professores a quem são destinados e como são traduzidos posteriormente em ações concretas nas escolas, em que medida o sistema usufrui e se desenvolve em razão das atividades formativas desencadeadas e, posteriormente, utilizadas.

A cada ano, mais ações formadoras têm sido postas à disposição dos professores e mais professores nelas se têm engajado. No entanto, se essas ações não levarem em consideração a maneira "como" os professores aprendem, muito tempo e dinheiro terão sido despendidos em vão.

Hernandéz (1997), em artigo sobre o modo como os docentes aprendem, amplia essa discussão — não é apenas questão de saber como os docentes aprendem, mas que condições eles têm, em sua escola, para integrar o aprendido às suas práticas cotidianas? O entusiasmo e o interesse dos colegas de trabalho, as condições materiais e organizacionais da escola, a disponibilidade da direção da escola para as inovações são fatores que podem facilitar (e sua ausência, dificultar ou mesmo impedir) a inclusão de novas práticas em sala de aula, em decorrência de ações formadoras.

As práticas dos professores, desse modo, mantêm articulação com as formas de organização do mundo escolar, compreendendo que essas formas de organização ganham visibilidade singular no campo do planejamento curricular, da avaliação, das interações mantidas por professores e alunos, dos ideários filosóficos que presidem os projetos político-acadêmicos, das propostas de formação de professores que estão postas tanto pelo nível gerenciador do ensino superior, como pelas demandas apresentadas pelas associações docentes e pelos sindicatos.

Parece-nos pertinente enfatizar, inspiradas nas afirmações de Fuenzalida (1992), que o campo da formação de professores nutre-se e nutre todo um processo de produção da universidade, tendo-se claro que as relações entre educação e formação de professores imbricam-se com as necessidades educativas da sociedade e com:

- as transformações na concepção de Estado e suas relações com a sociedade civil, alterando profundamente as políticas públicas para o setor social;
- o sistema universitário vigente (o que forma a universidade, o que espera o mercado de trabalho, que caminhos são possíveis e necessários para se fazer o diálogo universidade/ mercado de trabalho?);
- a função docente (a procura da autonomia, da criatividade, da crítica da e para a prática docente);
- o reordenamento do espaço profissional e de trabalho hoje posto para o professor;
- as transformações no mundo do trabalho, redefinindo o conjunto das profissões, criando para o professor novas exigências e um novo desenho de organização social e política, no qual se inscrevem as instituições educacionais.

Esse referencial permite assumir que, diante de tantas e tão profundas transformações sociais, delineia-se uma condição diferente para o professor formador, e, portanto, sua formação também exige um repensar de objetivos e modalidades para o processo de formação docente.

A secundarização de dimensões importantes do processo de formação de professores, ora havendo uma centralização na dimensão da apropriação do conhecimento específico relativo à área em que atua o professor, ora nas metodologias de ensino, fragmentando-se a relação forma-conteúdo, tem implicado processos educativos empobrecidos em suas possibilidades de contribuir com a autonomia, a criatividade, a crítica e a busca ativa e interativa do conhecimento.

A relevância de práticas de formação docente exige reconhecer que o investimento na formação não pode ficar debitado apenas às iniciativas individuais e voluntárias do docente, mas tem de representar uma meta clara no projeto escolar-institucional.

Ao partir dessa corresponsabilidade pelo processo de formação do professor (instituição e docente), o pensar sobre espaço de formação docente na escola emerge com singularidade: do formato único, e quase universal, de cursos no modelo tradicional à "descoberta" do que podemos fazer na formação de docentes. Essas alternativas podem-se concretizar em oficinas e/ou workshops de problematização da prática docente — favorecendo a reflexão do próprio docente sobre seu fazer, seus sucessos e suas dificuldades no trabalho pedagógico, bem como a possibilidade de refletir com os colegas num ambiente de produção coletiva —; em projetos de investigação sobre práticas docentes — nos quais o professor tome seu cotidiano docente como objeto de pesquisa e sobre ele produza conhecimento —; em projetos de inovações curriculares e metodológicas na sala de aula, desenvolvendo a postura avaliativa como uma dimensão fundamental do formar-se professor.

Múltiplas são as possibilidades. Fecundos são os diferentes formatos. Nesse contexto, pensar, desenvolver e avaliar, no âmbito acadêmico ou não, propostas de formação docente significa um compromisso com uma educação que tenha como projeto a formação de profissionais capazes de articular competência técnico-científica, cidadania e ética.

Referências bibliográficas

CLERC, Françoise. Profession et formation profissionnelle: répresentations des professeurs-stagiaires en formation à l'IUFM de Lorraine. *Recherche et Formation*. Paris, INRP, n. 23, 1996.

FAZENDA, Ivani. *Interdisciplinaridade*. Campinas, Papirus, 1996.

FIGUEIREDO, Luiz Cláudio. *Revisitando as psicologias.* Petrópolis, Vozes, 1996.

FUENZALIDA, E. R. La Formación y el Perfeccionamento del Profesor desde una Perspectiva de Profesionalización Docente. Organización de Estados Iberoamericanos para la Educación, la ciência y la Cultura / Reunión de Consulta Sub-Regional sobre Estrategias de Formación y Capacitación Docente. Santiago de Chile, 1992.

GATTI, Bernardete A. *Formação de professores e carreira.* São Paulo, Editores Associados, 1997.

HERNÁNDEZ, Fernando. Como os docentes aprendem. *Pátio Revista Pedagógica,* Porto Alegre, ano I, n. 4, fev./abr., 1998.

LANG, Vincent. Professionnalisation des enseignants, conceptions du métier: modèles de formation. *Recherche et Formation.* Paris, INRP, n. 23, 1996.

PLACCO, Vera M. N. S. *Formação e prática do educador do orientador.* Campinas, Papirus, 1992.

4

O coordenador pedagógico e o professor iniciante

Francisco Carlos Franco
Professor do Mestrado em Semiótica, Tecnologia
da Informação e Educação da Universidade Braz Cubas – SP
prof.franfranco@gmail.com

O início da carreira docente tem sido para muitos professores um período difícil, no qual vários problemas se evidenciam. É o momento da passagem do papel de aluno para o papel de professor, que, na maioria das vezes, ocorre com muitas incertezas e inseguranças.

Notamos que muitos alunos que ingressam na carreira docente não têm a preparação necessária para atuar. A formação inicial não tem propiciado, em boa parte dos casos, o desenvolvimento de habilidades e conhecimentos necessários para que o futuro professor tenha uma atuação consciente e consequente em sala de aula. Para que esses aspectos necessários para atuar se desenvolvam, Esteves (1993, p. 41) considera que a formação inicial deve:

" – incluir formas de apoio e de orientação aos professores no início de carreira, no sentido de lhes facilitar a transição do período de formação para o emprego propriamente dito;
– prepará-los para responder aos desafios que o trabalho futuro na escola lhes colocará;
– dotá-los de meios que lhes permitam escolher os conhecimentos essenciais perante a massa informativa disponível;
– incidir num mínimo de conhecimentos relativos à investigação pedagógica, à informação e orientação, à

educação intercultural, às novas tecnologias, ao ensino especial, aos direitos do homem e da democracia..."

Sem o preparo para atuar, o professor ingressa na carreira sem a noção da dinâmica de uma sala de aula. No período inicial da carreira docente todo o referencial teórico aprendido na graduação é posto à prova. É na passagem da teoria para a prática que, em muitos momentos, o jovem docente não consegue resolver os problemas que se apresentam no cotidiano escolar, sentindo dificuldade em transpor o conhecimento teórico para as situações reais que começa a vivenciar. Para agravar ainda mais a situação, o jovem docente nessa fase de sua carreira, por circunstâncias do próprio sistema de ensino, acaba tendo de atuar em duas ou mais escolas, dificultando seu trabalho, tanto no que se refere ao desgaste físico como também no tempo para preparar suas atividades.

O período inicial da carreira docente é identificado pela expressão "choque com a realidade", que é caracterizado pelo "...impacto por eles sofrido quando iniciam a profissão e que poderá perdurar por um período de tempo mais ou menos longo" (Silva, 1997, p. 50). Esse impacto colabora para o aparecimento de dilemas, que se evidenciam em situações conflitantes do cotidiano escolar, exigindo do professor a resolução de vários problemas, entre os quais, destacamos:

- a dificuldade em conduzir o processo de ensino e de aprendizagem, considerando as etapas de desenvolvimento de seus alunos e o conteúdo a ser desenvolvido;
- problemas com a disciplina dos alunos e com a organização da sala de aula.

Para Silva (1997, p. 58), a insegurança do período inicial da docência, aliada ao sistema de valores e crenças, pode originar situações dilemáticas, interferindo na imagem do professor

> "...provocando novo medos, mais frustrações, mais insegurança, formando um círculo que não se desfaz enquanto não se conseguir uma gestão adequada dos dilemas através de transformações do

pensamento do professor, que proporcione o desenvolvimento do autoconhecimento e a abertura à mudança, conduzindo ao desenvolvimento pessoal e profissional".

O professor geralmente fica à mercê da sorte, podendo ou não conseguir superar a fase de adaptação com que está se confrontando. Não são raros os casos de professores que abandonam o magistério logo no início da carreira por não conseguirem gerenciar seus dilemas, como também não são poucos os que continuam, às vezes por falta de opção profissional, e que desenvolvem um sentimento de incompetência, ficando sua autoimagem pessoal e profissional abalada. Sem ter com quem compartilhar suas dúvidas, seus acertos e seus erros, o professor acaba apoiando sua prática em ações que vivenciou na época de estudante, reproduzindo a prática de seus antigos professores, o que dificulta sua transformação na busca de uma atuação mais significativa e inovadora em sua atividade docente.

Na busca de superação dos dilemas que se apresentam no início da carreira docente, procurando superar as frustrações, as ansiedades e até mesmo a desmotivação profissional, faz-se necessário que, no seio da própria escola, o professor encontre o apoio e a orientação que ele precisa nesse período de sua carreira. É no contexto escolar que o professor iniciante irá procurar superar suas dificuldades, elaborando, em conjunto com outros profissionais da escola, um projeto de formação em serviço que o ajude a transpor suas dificuldades, rompendo com o individualismo e o isolamento, aspectos presentes na conduta de muitos professores nessa fase. É o próprio professor que saberá quais são suas necessidades, e, já no início da carreira, ele deverá se apropriar de seu projeto de formação, o que terá a supervisão do professor coordenador pedagógico (PCP), ajudando o a vislumbrar as carências do momento.

Nesse sentido, destacamos a importância do PCP que, em conjunto com outros professores da escola, auxiliará os professores iniciantes a administrarem os dilemas que se apresentam em seu cotidiano escolar.

O PCP pode acompanhar o jovem professor num projeto de formação em serviço que proporcione momentos de reflexão sobre aspectos relativos a suas crenças e dificuldades. Com esse acompanhamento mais sistematizado, o docente poderá compartilhar suas inseguranças, diminuindo as tensões e abrindo espaços para a busca de alternativas, capacitando-o a administrar situações conflitantes que sempre aparecerão em sua carreira. É o momento de o PCP intervir junto ao docente, indicando leituras e oferecendo dados sobre a realidade da escola e do sistema de ensino. Esses aspectos devem ser trabalhados em encontros individuais, em que o PCP discutirá com o docente alternativas para os dilemas que está enfrentando na prática.

Também é de fundamental importância que o PCP proporcione momentos de aprofundamento teórico, para subsidiar a prática pedagógica e de troca de experiências, relacionando as teorias com os problemas reais do dia a dia escolar, o que pode ser encaminhado no HTPC. Nesses encontros o professor iniciante pode ser ajudado pelos professores mais experientes da escola, na reflexão de sua atividade docente, nas suas dificuldades no relacionamento com os alunos, nos problemas que encontra com indisciplina etc. Essas reuniões também podem ser encaminhadas, proporcionando ao jovem professor o encontro com outros profissionais de sua área, que poderão ajudá-lo quanto à especificidade de sua disciplina.

Cabe ressaltar que todo esse trabalho entre o PCP e o professor iniciante deve-se apoiar numa relação de colaboração e confiança, sentindo o docente que tem no PCP uma pessoa que poderá ajudá-lo e não um "xerife" que estará apenas apontando os erros sem apresentar alternativas ou abrir espaços para reflexão.

É só na superação dos dilemas que se apresentam nessa fase inicial de carreira, que o professor começará a desenvolver "... a possibilidade de autorrealização no trabalho profissional, encetando o professor o ensaio de inovações que lhe permitirão dar uma expressão mais pessoal ao papel que desempenha na instituição escolar" (Esteve, 1995, p. 119).

Referências bibliográficas

ESTEVE, José M. "Mudanças sociais e função docente". In: NÓVOA, António *Profissão Professor*. Porto, Porto Editora, 1995.

ESTEVES, Manuela & RODRIGUES, Angela Q. *A análise das necessidades na formação dos professores.* Porto, Porto Editora, 1993.

SILVA, Maria Celeste M. "O primeiro ano com a docência: o choque com a realidade". In: ESTRELA, Maria Teresa (org.). *Viver e construir a profissão docente*. Porto, Porto Editora, 1997.

5

O professor-coordenador e as atividades de início de ano

Ana Archangelo Guimarães
Professora da UNICAMP

Fábio Camargo Bandeira Villela
Professor da UNESP, Presidente Prudente

Introdução: apagar incêndios não caracteriza a função do professor-coordenador

A escola é um universo bastante complexo: há uma finalidade aparentemente conhecida e consagrada em torno da qual se aglutinam pessoas frequentemente muito diferentes, que desempenham funções variadas, com atribuições, expectativas e demandas diversas. Por essa razão, muitas vezes a escola funciona a partir do equívoco de que todos sabem o que ela significa para si e para o outro; subentende-se que todos estão lá por uma única razão, que todos sabem seu papel, todos conhecem seu ambiente de trabalho e sua dinâmica.

É, portanto, esperado que, desse equívoco, surjam alguns problemas no dia a dia que, mesmo quando simples ou corriqueiros, tendem a se agravar, uma vez que sua compreensão estará contaminada pela ideia (falsa, diga-se) de que tudo acontece por uma atitude deliberada de alguém que, mesmo sabendo de sua tarefa ou responsabilidade, deixa de assumi-la, prejudicando o conjunto da escola.

Esse é o contexto em que trabalha o professor-coordenador. É necessário que ele seja capaz de identificar essa trama comunicativa para que exerça seu papel com sucesso. É fundamental também que esteja preparado para discernir os diferentes níveis de sua atuação, para que não se limite a apenas um deles, dificultando o crescimento e o amadurecimento da escola.

O coordenador tem, pelo menos, três níveis de atuação, que não se excluem. São eles: 1) o de resolução dos problemas instaurados; 2) o de prevenção de situações problemáticas previsíveis; 3) o de promoção de situações saudáveis do ponto de vista educativo e socioafetivo.

Todos esses níveis são necessários e fundamentais. Entretanto, não é difícil perceber que um trabalho voltado apenas para o nível 1, além de pouco produtivo, desgasta a figura do coordenador e de toda a escola. A instituição fica à mercê dos humores, das imagens distorcidas que um tem em relação ao outro; o coordenador fica "correndo atrás do prejuízo".

Além disso, não há construção de projeto pedagógico no nível 1. É preciso que se alcancem os níveis 2 e 3 para que ele possa ser objeto de preocupação, pois o **projeto pedagógico é uma antecipação da escola que queremos**. Se é importante que o projeto parta da escola real, de seus conflitos e problemas, ao mesmo tempo é essencial que seja elaborado a partir de uma dose de liberdade em relação a ela. Ou seja, se as preocupações diárias e imediatas consumirem todo o potencial de trabalho do coordenador, não haverá condições de articulação de pessoas em torno de metas a médio e longo prazos; em suma, o amadurecimento institucional será dado exclusivamente pelo acaso e por situações incidentais.

Há várias atividades relativas aos níveis 2 e 3 de atuação que podem e devem ser desenvolvidas no contexto escolar. Este texto, porém, tratará de algumas delas centradas no início do ano — momento crucial para o bom andamento dos trabalhos do ano letivo.

O contexto do início do ano

O início do ano implica algumas especificidades no funcionamento da escola. Muitos alunos estão ingressando em uma nova realidade: escola nova, ciclo novo, espaço, exigências, professores e colegas desconhecidos. Outros estão retornando após um período de férias ou recuperação e enfrentarão uma série nova, com alguns professores e colegas novos.

Os alunos novos ouvem falar da escola: "é a melhor do bairro", "é a pior", "é um quartel", "é uma moleza", "tem o professor mais isso ou mais aquilo". Sobre os boatos e mitos constroem suas expectativas e muito de sua postura naquele universo. Com os alunos já veteranos, as fantasias pairam sobre as eventuais mudanças na ordem já conhecida ou na entrada de novos colegas: "dizem que a escola já não é mais a mesma com a saída do fulano", "foi perseguição a separação da classe", entre outras coisas.

Mas não apenas os alunos têm expectativas em relação aos professores e à escola; o inverso também acontece. Os professores imaginam seus futuros alunos também a partir de informações e comentários esparsos que ganham um contorno x ou y, dependendo da imagem que têm de sua clientela, da competência do diretor ou coordenador para incluir e excluir os alunos difíceis, por exemplo.

Apesar disso, professores e alunos voltam com uma energia renovada e com expectativas para o trabalho que se inicia. Se a escola volta a funcionar sem levar em conta a realidade descrita, corre o risco de ver o desenrolar de suas atividades contaminado por aspectos mais ilusórios que reais. As pessoas passam a se relacionar umas com as outras e com a própria rotina de trabalho a partir das imagens construídas em contextos que não o do trabalho educativo em si. A escola passa a viver a partir de falsas verdades produzidas e divulgadas sem seu domínio.

As atividades especiais de início de ano

Para que a escola possa interferir nesse jogo de imagens, é necessário que ela traga, de forma deliberada, intencional e planejada, alguns dados de realidade que possam ser confrontados com as fantasias ali presentes. Para isso, é importante que aja em duas direções: a) conhecendo a própria realidade que se renova a cada ano; b) criando canais efetivos de divulgação e discussão dessa realidade.

Para o início de ano, algumas tarefas específicas devem ser garantidas para essa finalidade. Uma delas é o processo de **Caracterização dos alunos**. Ela dá condições ao coordenador para realizar a **Montagem de sala de aula**. As informações obtidas na caracterização devem também motivar uma **Preparação dos professores** para a recepção dos alunos. Essas três atividades culminam com a **Recepção dos alunos**. Trataremos, a seguir, de cada uma delas.

I. Caracterização dos alunos

a) Âmbitos da caracterização

O aluno pode ser conhecido em diversos âmbitos, mas é necessário que se trabalhe com a informação mais pertinente à realidade escolar. Uma ou outra poderá variar conforme as especificidades de cada escola, mas as que seguem são de interesse geral:

1. Desempenho escolar, motivação e disciplina para o estudo;
2. Imagem e expectativa que o aluno tem da escola;
3. Aspectos pessoais, tais como características básicas de comportamento, gostos, *hobbies*.

b) *Caracterização de alunos novos* versus *caracterização de alunos antigos*

A dinâmica escolar se apresenta como múltipla e complexa; assim, na escola, raramente se realiza um objetivo ou propósito único por meio de uma atividade. A caracterização de alunos é uma dessas atividades que condensam uma série de objetivos e propósitos da instituição escola e, exatamente por isso, requer especial atenção e zelo. Em primeiro lugar, é necessário distinguir a caracterização de alunos novos na escola da caracterização de alunos que ingressaram nela em momento anterior. No primeiro caso, diríamos que são necessários instrumentos específicos e aprimorados para um conhecimento rápido, ao mesmo tempo que substantivo, do aluno que ingressa na escola e que deverá ser levado em conta em seus vários aspectos antes mesmo do início das aulas. A caracterização dos alunos antigos já é feita tendo-se conhecimento prévio deles. Assim, conhecendo o aluno em seu dia a dia de sala de aula, de seus hábitos, atitudes, gostos, amigos, seu diagnóstico sistematicamente elaborado se centra em seu **desenvolvimento acadêmico**. A própria observação cotidiana, assim como a troca de experiência por parte dos professores, sobretudo em reuniões de série preparadas e coordenadas pelo professor-coordenador, complementa o conhecimento sempre gradual que vai se estabelecendo sobre o aluno e sua turma.

Assim, o diagnóstico do aluno antigo se realiza no processo de avaliação do desempenho da classe, ou na divisão de tarefas propostas em um projeto de atividades a ser realizado por determinada classe.

Já a atividade diagnóstica do aluno que está ingressando na escola tem **objeto**, **instrumentos** e **objetivos específicos**:

Objeto: são os três âmbitos assinalados no item 1.

Instrumentos: o instrumento, por excelência, para caracterização mais minuciosa e complexa do aluno é a entrevista, que idealmente deverá ser acompanhada de aplicação prévia de prova escrita[1] (para que sejam obtidos dados preliminares sobre o *desempenho dos alunos*, parte do primeiro âmbito, descrito há pouco como *Desempenho escolar, motivação e disciplina para o estudo*).

Objetivos: são múltiplos e marcam a entrada do aluno na escola, transcendendo o propósito diagnóstico em si. Entre os mais importantes, podem ser citados:

   1. *Diagnóstico* (conhecimento do aluno pela escola) [por sua vez, irá dar suporte a uma série de atividades, tais como montagem das turmas, orientação de professores, semana de recepção de alunos]

---

1. Esse procedimento nada tem em comum com a seleção dos melhores alunos ou com a segregação destes por classes ou períodos. Entretanto, as informações provenientes deste trabalho poderão ser úteis na montagem das salas de aula, a partir do critério de heterogeneidade, o que será discutido mais adiante.

2. *Informação sobre a escola* (conhecimento da escola pelo aluno) quanto aos seus objetivos, princípios, funcionamento
3. *Vínculo inicial entre aluno e escola*
4. *Orientação prévia para o aluno que ingressa na escola*
5. *Contratos e acordos, em geral informais, entre aluno e escola*

O terceiro objetivo talvez seja o mais importante deles. Em comum, representam um cuidado e uma atenção em relação ao aluno, que favorece tanto a motivação para o estudo e seu vínculo com a escola, como a possibilidade de mediar, de forma adequada, dilemas, problemas e conflitos.

c) Problemas de diagnóstico

Atualmente, está consagrada a afirmação de que se deve partir do aluno real. De fato, o conhecimento que a equipe pedagógica tem do aluno é fundamental para favorecer o bom desenvolvimento cognitivo, emocional e interpessoal deste, assim como para se planejar com realismo o trabalho de cada série e, mais que isso, de cada grupo-classe. Não é raro nas escolas a caracterização do aluno, também denominada de "diagnóstico do aluno"[2]. Entretanto, temos observado **dois graves problemas** recorrentes nas caracterizações usualmente feitas:

1º — **Há enorme ênfase nos aspectos cognitivos e de conteúdo:** ainda que seja consenso que *educação* é algo muito mais amplo que *instrução*, e que também não se circunscreve ao desenvolvimento do pensamento ou das estruturas cognitivas, é comum não serem contempladas no diagnóstico as esferas

---

2. Estamos aqui nos referindo a procedimentos sistemáticos de obtenção de informação relevante sobre o aluno, pois, conforme apontamos em artigo anterior *Sobre o Diagnóstico*, publicado no livro *O coordenador pedagógico e a educação continuada* (Christov, 1998), algum conhecimento relevante do aluno sempre é possível mediante conversas informais.

emocional, interpessoal e de valores, centrais na vida de qualquer pessoa, centrais também para o trabalho pedagógico.

2º — Há uma tendência em utilizar a **caracterização social e da família do aluno e do conjunto de alunos para justificar problemas escolares:** é comum tais caracterizações justificarem desempenho escolar insuficiente (do aluno ou do conjunto de alunos — neste caso, no SARESP, por exemplo), assim como problemas de comportamento e de dinâmica em sala de aula.

Não é raro ouvirmos frases como *"filho de bandido, de mãe de má reputação, só poderia dar no que deu!"*.

Em primeiro lugar, é necessário registrar que não dá para se prever o que será de uma criança no futuro a partir do conhecimento, ainda que correto e pertinente, do que seus pais são. Pior do que isso, as ideias preconcebidas da escola sobre as dificuldades **presentes** e **futuras** de um aluno, como produto direto de sua situação familiar e social, costumam prejudicar muito mais o aluno e seu futuro do que a própria situação familiar e social alegada. E isso porque, para o **presente**, a escola desloca suas responsabilidades e possibilidades de ação para a família, isentando-se de sua ação educativa, tornando-se apática e indiferente, ainda que piedosa, em relação ao jovem que deveria educar. Agindo assim, a equipe pedagógica abdica até de constituir um espaço diferenciado no qual aspectos novos ou pouco desenvolvidos de sua personalidade possam tomar forma. Em relação ao **futuro**, sua previsão atua como profecia autorrealizadora: o aluno tende a se transformar no que esperam dele, exatamente por esperarem isso dele[3]. Tais previsões, que chegam a surpreender alguns, parecem "atos de bruxaria", mas são tradução do seguinte processo: a sentença sobre

---

3. A denominada profecia autorrealizadora está relacionada aos mecanismos transferenciais e contratransferenciais postulados pela psicanálise, discussão muito interessante, mas que não cabe nos limites deste sucinto artigo. Sobre profecia autorrealizadora, confira artigos do livro *Introdução à psicologia escolar* (Patto, 1989). Sobre transferência, pode-se ler no texto freudiano conferências introdutórias à psicanálise (Freud, 1981).

o outro (aluno) é simultaneamente o desejo (da escola, personificada na figura do professor) que busca (no aluno) sua realização, e o aluno responde, à sua maneira, a esse desejo.

Assim, é necessário extrema cautela com os diagnósticos social e de família, e, em geral, eles são prescindíveis, pois ou os problemas familiares se fazem presentes na escola — e isso sempre de forma mediada —, e podem ser detectados nas atividades desenvolvidas e por meio delas, não necessitando prévia coleta de dados da família; ou não se fazem presentes, e talvez não se deva dar especial atenção a eles, até para que a escola possa se constituir num campo diferenciado no qual nova identidade e novas relações possam ser constituídas.

Os dois problemas apontados poderiam ser assim sintetizados: a escola incorre no grave risco de pautar suas ações ao longo de todo o ano sobre um conhecimento parcializado e muitas vezes estereotipado. O aluno torna-se refém desta parte dele mesmo. O ideal é que seja o inverso: que a escola seja capaz de realizar um diagnóstico mais profundo e, ao mesmo tempo, mais plástico e flexível, que possa se transformar a partir dos novos elementos que surjam ao longo do contato com o aluno.

II. Montagem de sala de aula

Tem sido muito divulgada a ideia de que o ideal para a educação e para o aluno é a classe heterogênea. Mas o que seria essa heterogeneidade? A classe heterogênea exibe em si a diversidade, e, sobretudo, busca a diversidade em sua composição: alunos diferentes uns dos outros, ou seja, diferentes quanto ao sexo, aptidões, desempenho escolar, idade, interesses, gostos, entre outras características. Porém, muitos são os professores contrários a essa ideia. Por experiência, afirmam que as classes heterogêneas não permitem um bom trabalho. Em muitos casos isso é verdadeiro, pois não é qualquer heterogeneidade que torna a dinâmica da sala facilitadora e mais produtiva. Não basta formar classes pela ordem de matrícula para se chegar à heterogeneidade da qual tratamos aqui.

Para começar, a montagem da classe heterogênea só se torna possível quando há, em determinado turno[4], mais de uma classe para uma mesma série. Além disso, as classes devem ser heterogêneas internamente, mas o mais homogêneas possível entre si. Essa formação contrapõe-se à tendência, comum entre muitos professores, de reunir "alunos semelhantes" (em geral do ponto de vista do desempenho escolar) em uma mesma classe, opondo-se, portanto, à tendência de classes dos "alunos fortes", "alunos médios" e "alunos fracos". Mas, ao mesmo tempo, recusa a heterogeneidade criada pelo acaso.

A ideia de constituir classes homogêneas internamente, e diferentes entre si, não parece adequada tanto pelo fato de ser tal meta rigorosamente impossível, como pelo fato de ser indesejável a tentativa, como veremos nos cinco argumentos apresentados na página seguinte. Antes, entretanto, caberia aqui uma pergunta provocativa ao leitor, caso este defenda a constituição de salas homogêneas internamente: supondo a existência de um grupo a ser dividido, do qual o leitor faça parte, ele se sentiria à vontade sendo conduzido ao conjunto dos considerados "mais fracos"? O mal-estar criado nessa suposição não costuma ser comum quando montamos, pelo mesmo critério, classes das quais não fazemos parte. Há sempre o argumento de que "será melhor para eles", que terão o ritmo de trabalho mais adequado para sua capacidade ou velocidade para aprender. Há também a ideia de que os alunos não perceberão os critérios de agrupamento, o que resultaria em uma situação harmoniosa. Mas isso não corresponde à verdade, pois as razões não se explicitam apenas em palavras. O significado real de nossas atitudes muitas vezes é comunicado por outras vias. Exemplo disso são as atribuições de aulas. No caso de classes homogêneas internamente e heterogêneas entre si, a escolha de

---

4. Não estamos aqui fazendo referência à importante questão dos critérios a serem adotados para a atribuição do período ou turno no qual o aluno deverá ser matriculado. Evidentemente, supomos que critérios democráticos, de equidade e funcionais devem nortear tal atribuição — além do que for disposto por lei —, o que deve ser pensado com zelo pelo professor coordenador.

classes passa sempre pelo critério de melhor e pior. O professor mais pontuado sempre escolhe aquela considerada a melhor. A recusa, mesmo que implícita, em ficar com o que se considera a pior sala aparece, queiramos ou não.

A defesa da integração, e sobretudo da inclusão, realizada, por exemplo, na área da educação especial, supõe a opção pelas classes internamente heterogêneas, que comportam em si de maneira clara e ampla, a diversidade dos alunos. Sem querer entrar no complexo debate travado na área de educação especial, apresentamos argumentos que consideramos pertinentes para a defesa das classes internamente heterogêneas, sem definirmos o limite desejável ou possível de heterogeneidade. Assim, supomos sua validade pelo menos para a educação de crianças consideradas normais. Os argumentos contrários à ideia de classes internamente homogêneas são os seguintes:

1. Uma "classe dos fracos" acabaria com a **autoestima** dos alunos.
2. Uma "classe dos fracos" tenderia a propiciar a denominada **profecia autorrealizadora**.
3. **As capacidades cognitivas dos alunos não são tão fixas**, nem seu desenvolvimento tão linear para servirem de indicador de aluno fraco e forte.
4. **As capacidades mentais são múltiplas**. Assim, fraco em quê? Matemática ou Inglês? Ou ainda em Educação Física? O fraco numa matéria ou capacidade cognitiva pode não o ser em outra matéria ou capacidade cognitiva.
5. **A escola, idealmente, não se interessa só pelo cognitivo**. Assim, não poderíamos considerar como aluno forte o aluno bem-humorado, o aluno espirituoso, o aluno aglutinador, o aluno com grande capacidade de lidar com conflitos emocionais e relações interpessoais?

Assim, a busca de constituir classes internamente heterogêneas, e homogêneas entre si, é o melhor caminho. É possível formar classes heterogêneas a partir de sorteio. Mas apresentaremos um método um pouco mais sistemático, até para não dar muita chance ao azar.

Em primeiro lugar, a heterogeneidade de que falamos refere-se sempre a certos aspectos escolhidos, privilegiados, entre os inúmeros existentes. Dessa forma, poderemos entender que sexo, idade e desempenho escolar sejam aspectos mais relevantes para serem contemplados na formação da turma do que cor de cabelo, time de futebol preferido e número de irmãos na família. Esses aspectos a serem privilegiados variam de escola para escola, de acordo com sua realidade (especificidade). Em segundo lugar, a melhor forma de garantir a heterogeneidade interna à classe quanto aos aspectos escolhidos consiste em buscar a homogeneidade entre as classes, em relação a esses mesmos fatores, ou seja, as classes serão parecidas umas com as outras em relação aos aspectos privilegiados e isso está necessariamente associado a haver, em cada classe, o mesmo tipo de variação e distribuição entre os aspectos escolhidos, personificados nos alunos.

Assim, se uma série de um período apresenta 40% de alunos do sexo feminino, 30% de alunos com desempenho ao menos adequado e 25% de alunos oriundos de determinada procedência (escola ou cidade), essa distribuição deverá estar presente também em cada uma das classes. Mas isso ainda não as faz homogêneas entre si, pois tais fatores devem estar combinados: 30% de alunos com bom desempenho acadêmico, em uma classe, sendo todos eles do sexo feminino, forma uma classe totalmente diferente de outra contendo os mesmos 30% de alunos com bom desempenho acadêmico, porém sendo todos do sexo masculino.

Para isso, será necessário, esquematicamente:

1. Montar as categorias finais, formadas das combinações possíveis entre as características presentes nos aspectos privilegiados (categorias básicas). Se, por exemplo, as categorias básicas forem sexo (2), faixa etária (2) e procedência [aluno antigo *versus* aluno novo] (2), temos 2X2X2 combinações ou categorias finais, ou seja, 8 categorias finais: 1º) meninas, mais novas, da escola, 2º) meninas, mais novas, **de outra escola**, 3º) meninas, **mais velhas**, da escola, 4º) meninas, **mais velhas, de outra escola**, 5º**) meninos** etc.

2. Classificar cada indivíduo em termos dessas categorias.
3. Contar o número de indivíduos de cada categoria e estimar a quantidade de alunos de cada categoria básica para cada sala de aula.
4. Proceder à atribuição de alunos às turmas, conforme cota prevista para cada classe.

Uma das possibilidades para a formação de turmas pelo professor coordenador é iniciar a atribuição a partir de alguns poucos alunos que — segundo pressuposição lastreada no diagnóstico do aluno, realizado anteriormente — tendem a imprimir grande influência na classe, e buscar a construção de certos *núcleos dinâmicos* que, com maior chance, propiciem uma interação mais saudável ou equilibrada. Aparentemente, esta sugestão desestabiliza a sistemática anteriormente descrita, mas elas podem ser complementares, mantendo-se, mediante um ajuste ou balanceamento subsequente, a proporção em cada classe do número de alunos de cada categoria previamente estabelecida. Entretanto, alcançar uma classe com maior chance de interação desejável a partir de núcleos dinâmicos é apenas uma aposta, não muito experimentada, de que a dinâmica da classe, ainda que nunca efetivamente controlável, pode ser favorecida por certos limites e possibilidades presentes no próprio núcleo dinâmico.

III. Preparação dos professores para a recepção dos alunos

Falar em preparação do professor para a recepção dos alunos significa dar atenção a uma figura essencial nesse processo. Por mais que a escola se prepare para essa tarefa, sem a inserção do professor, o êxito ficará certamente comprometido, pois ele é que estará com a classe para conduzir os trabalhos e as atividades.

É natural, e mesmo comum, que o professor vá, com o tempo, desconsiderando a importância do processo inicial do ano letivo para o aluno; afinal, ano após ano, ele desenvolve seu trabalho e já está adaptado às suas dificuldades. Perde, de certa forma, a real dimensão desse período para o aluno que a cada ano é um. Para os ingressantes na escola, a novidade se expressa de maneira óbvia. Para os veteranos, muita coisa se transforma ano a ano, pois a idade escolar em si mesma é repleta de transformações. O aluno antigo em sua escola antiga é, assim mesmo, um sujeito em processo de adaptação. E isso, em geral, não é levado em conta.

Além disso, o professor não tem sido visto, nem por ele nem pela escola, também como alguém que necessita de um processo de adaptação para dar conta daqueles que, apesar de muitas vezes conhecido, no início do ano aparecem completamente diferentes.

Em suma, mesmo para o professor, a escola também é, em certa medida, nova; nova porque há medidas diferentes, porque as classes ganharam novos agrupamentos com dinâmicas desconhecidas, porque há alunos ingressantes, porque o material didático adotado é diferente do ano anterior, ou por outras razões.

Preparar o professor para a recepção dos alunos significa convencê-lo da necessidade de um período de adaptação, tanto dos alunos com relação à escola, quanto dele mesmo em relação aos alunos. Isso deve ser feito a partir da interpretação e sistematização dos dados obtidos na caracterização dos alunos que **deve ser apresentada aos professores**, mas não em seu estado bruto. A partir dela, é necessário que o coordenador seja capaz de construir uma compreensão do contexto que se anuncia para o cotidiano da escola, que seja capaz de trazer alternativas de trabalho que levem em conta a realidade que se apresenta. Por não ser suficiente o apontamento de problemas, o coordenador deve dar prosseguimento ao processo, pensando na recepção dos alunos.

A resistência dos professores à tarefa de recepção dos alunos está relacionada com a frequente confusão entre **atividades de recepção e sedução dos alunos**. Eles se recusam a participar de circos, concursos de dança e outras coisas para atrair a atenção de seus alunos. Acham isso uma "enrolação", uma "desmoralização", uma "encheção de linguiça". E não estão errados. A escola não pode fazer uso de atrações que nada tenham em comum com seu dia a dia. Não pode iludir o aluno com uma grande festa que, uma vez encerrada, mostra a dura realidade da rotina escolar. Nada disso! A escola tem seus mecanismos próprios para atrair o aluno, para construir uma relação saudável, de trabalho e de confiança.

Aprender e se relacionar com as pessoas da escola pode ser muito interessante. Portanto, a recepção dos alunos deve articular estes dois aspectos básicos: trabalho/construção de vínculo saudável.

Já nos primeiros dias, o aluno precisa entender a que veio, o que está fazendo na escola e com quem pode contar para realizar suas tarefas. Ele tem de trabalhar. No entanto, esse trabalho não tem seu produto como finalidade máxima; mais importante que isso é que alunos e professores, mais a equipe técnica e outros funcionários, em interação, possam ir se reconhecendo, reconhecendo seus espaços (inclusive físicos), identificando seus ritmos, suas formas de ensinar e aprender e, por que não, seus limites.

Algumas atividades podem ser sugeridas para isso.

IV. Recepção dos alunos

A recepção dos alunos deve ser pensada em três níveis:

1. O primeiro dia de aula: Este dia é importante para todos os alunos, mas especialmente para os novos. É aconselhável, quando possível, que a escola faça um calendário de início de ano escalonado, com as turmas ingressantes (normalmente as de começo de ciclo) chegando com alguns dias ou uma semana de antecedência em relação às outras. Isso beneficia o contato da escola com os alunos novos e estabelece bases positivas para os anos seguintes; afinal, a primeira impressão é sempre muito marcante.

Com essas turmas, o trabalho estará voltado para o acolhimento e as apresentações tanto dos alunos, como dos professores, dos funcionários, dos espaços físicos etc. Mas essas apresentações não devem ser feitas apenas formal ou burocraticamente; é muito pouco, por exemplo, a distribuição de uma apostila com informes gerais. O importante é que os alunos sejam levados à interação, que explorem de maneira orientada os espaços da escola, que conheçam algumas pessoas que serão referência em seu cotidiano, mesmo que fora de sua sala de aula.

Existem inúmeras formas de alcançar isso. Este texto pode sugerir sucintamente algumas delas.

Dinâmica de apresentação em sala de aula. Supondo-se uma sala de quarenta alunos, dispostos em círculo, o professor atribui em um único sentido (sentido horário, por exemplo) um número para cada aluno, de duas séries consecutivas que vão de 1 a 20, de maneira que cada membro da sala tenha um número igual ao do colega que esteja à sua frente. A atividade consiste no seguinte: o número 1, olhando para seu colega de mesmo número, e sem o conhecer, procura descrevê-lo e apresentá-lo (como é o colega, do que gosta, do que não gosta, seus piores defeitos, suas virtudes); tudo imaginado a partir de suas impressões iniciais. Todos os alunos devem fazer isso por escrito, em um tempo estipulado (de 5 a 10 minutos). Ao final, cada um apresenta seu colega e ouve deste se suas impressões foram adequadas ou não. O colega apresentado faz as devidas correções.

Costuma ser divertido e rico o choque entre a apresentação feita a partir da primeira impressão e a realizada pelo sujeito apresentado. Essa atividade exige que o aluno observe seu colega, permite que todos ouçam e falem, enfraquecendo as defesas e, consequentemente, os julgamentos preconceituosos realizados no primeiro dia de aula. O grupo tende a ter um bom entrosamento.

O reconhecimento da escola. A classe pode ser dividida em grupos, com tarefas específicas:

a) conhecer o prédio da escola e identificar as finalidades de cada espaço. A partir daí, elaborar uma planta da escola para ser apresentada aos colegas dos outros grupos. A atividade exige organização do grupo, exercício da curiosidade, sistematização e divulgação posterior da informação.

b) entrevistar funcionários da escola, diretor, merendeiro, servente, secretário, professor, identificando as diversas funções existentes na escola, suas atribuições e responsabilidades. Ao final da tarefa, além de expor aspectos essenciais das entrevistas, o grupo pode tentar montar um organograma da escola para apresentar para os colegas. A atividade exige que seja elaborado um roteiro de entrevista, que o aluno vá em busca das pessoas dentro da escola, que entre em contato com elas e, por meio disso, que possa respeitar aquela função e aquele funcionário. Também exigirá uma coordenação dos aspectos da escola que dão a ela grande parte de sua complexidade.

c) (dependendo da idade dos alunos) realizar visita orientada às redondezas da escola, com o objetivo de entrevistar alguns moradores e/ou comerciantes para identificar o impacto da escola na vizinhança. Quando grande parte do alunado provém da região, essa atividade valoriza sua origem; quando é de regiões distantes, esse contato é fundamental para que o aluno estabeleça um vínculo entre ele, a escola e a redondeza.

Todas as atividades realizadas devem produzir não apenas relatos, mas material a ser afixado em murais, mostrando que aquele espaço começa a ser ocupado por aqueles alunos. Isso também é muito importante porque explicita, com a ação, e não com o discurso, que aquele lugar é deles. Esse uso permitido, produtivo e intencionalmente planejado cria uma relação afetiva entre aluno/funcionário/espaço que tende a inibir, em grande medida, ataques às pessoas e dependências físicas da escola.

Além disso, todas as atividades exigem esforço, trabalho, disciplina e envolvimento dos alunos. E essa é uma apresentação essencial: na escola, esses atributos são insubstituíveis, mas fica claro, também, que não são incompatíveis com o vínculo, a amizade e a afetividade.

Com as turmas de alunos que ingressaram em anos anteriores, a preocupação maior é com a integração dos alunos novos. É necessário que a escola se organize para promover dinâmicas em que as panelinhas não sejam o critério de agrupamento. A escola deve mostrar que aceitou o aluno novo de fato, e para isso precisa se organizar para recebê-lo, possibilitando-lhe a adaptação necessária.

Além disso, não podemos nos esquecer de que o aluno já conhecido volta das férias, em geral, muito diferente, esperando as novidades da escola. É bem verdade que isso não justifica a utilização da mesma dinâmica sugerida para as turmas novas. Lá, a primeira impressão é o núcleo da discussão, aqui, isso seria uma farsa para 80% da sala e tenderia a excluir ainda mais os novos. Contudo, também para o aluno veterano é importante o acolhimento inicial.

2. A primeira semana de aula: É fundamental que os alunos sejam introduzidos no contexto do trabalho, mas ainda tendo a interação como pano de fundo. A apresentação dos professores, dos programas, da revisão de conteúdo, dos horários deve ir sendo feita. Mas é muito importante que o professor continue atento ao ritmo da sala, ao seu entrosamento com as tarefas. Por essa razão, em turmas em que a circulação de professores é muito grande e desconhecida para o grupo de alunos (isso acontece especialmente nas 5as séries), é importante que um horário provisório seja pensado para esta semana. Em vez da circulação de cinco ou seis professores em um só dia, dois seriam o suficiente. Ao final da semana, os alunos teriam conhecido todos eles, sem atropelos e grandes ansiedades.

Nesse período, as tarefas devem ser mais curtas para que possam ser discutidas prévia e posteriormente. É muito importante que o aluno entenda o sentido das tarefas, que saiba como realizá-las e que perceba o movimento geral dos professores para esclarecer dúvidas e identificar dificuldades. Isso cria uma situação de segurança em que o aluno sabe que pode contar com o professor para entender o que ele (professor) quer ou o que ele (aluno) precisa. É necessário ressaltar que o ano letivo começa no primeiro dia de aula, que o trabalho tem início desde as primeiras atividades, ou seja, não se deve seduzir o aluno com a ausência de trabalho nos primeiros dias, nem tampouco utilizá-lo de maneira reducionista, exagerando em seu volume para dar a pretensa impressão de escola "forte".

3. O primeiro bimestre: O primeiro bimestre deve ser considerado sempre, inclusive para as turmas já conhecidas, um período de adaptação. As aulas já transcorrem normalmente nesse período, mas o professor deve estar muito atento ao ritmo da classe. Exigir dela um pouco mais do que ele avalia que ela possa dar, e esperar sua resposta a *esse desafio*, é aconselhável para seu contínuo processo diagnóstico. Além disso, é importante que haja vários momentos de avaliação, para que o professor não perca de vista as dificuldades dos alunos enquanto estes ainda não estão habituados a identificar suas próprias dúvidas.

Todas essas atividades voltadas para o início do ano atingem, além dos objetivos já apontados, um outro essencial: são dissipadas muitas das falsas imagens criadas fora e dentro da escola, e, fundamentalmente, cria-se um canal de comunicação pouco ou nada prejudicado por interferências. É muito comum que esse canal se estabeleça ao longo do ano quando há algo a ser resolvido, um problema já instaurado, um culpado a ser encontrado. Quando ocorre no início do ano, é direto e anterior ao problema, o que permite maior abertura para o diálogo e, portanto, para o amadurecimento de todos que dão vida à escola.

Referências bibliográficas

FREUD, Sigmund. Lecciones introductorias al psicoanálisis. In: ___. *Obras completas.* 4ª ed. Madrid, Biblioteca Nueva, 1981 [1916-1917].

GUIMARÃES, Ana Archangelo & VILLELA, Fábio Camargo Bandeira. Sobre o diagnóstico. In: CHRISTOV, Luiza Helena da Silva et. alii. *O coordenador pedagógico e a educação continuada.* São Paulo, Loyola, 1998.

PATTO, Maria Helena Souza. *Introdução à psicologia escolar.* 2ª ed. São Paulo, T.A. Queiroz, 1989.

6

Reuniões na escola: oportunidade de comunicação e saber

Eliane Bambini Gorgueira Bruno
Professora da UNESP-SP, Instituto de Artes (IA)
eliane.gorgueira@terra.com.br

Luiza Helena da Silva Christov
Professora da UNESP-SP

O momento de reflexão que vem acontecendo em muitas escolas tem merecido a atenção de formadores e pesquisadores pelas dificuldades apresentadas no processo de sua organização.

A importância dessa reflexão está na oportunidade de os professores avaliarem sua prática, trocarem experiências com os colegas e aprofundarem conhecimentos relativos ao processo de ensino.

Sobretudo nas escolas públicas municipais e estaduais, a questão da organização dos momentos de reflexão merece ser analisada e repensada, pois muitas são as queixas de professores e coordenadores sobre as dinâmicas predominantes nesses encontros.

Dentre as queixas de professores, destacamos:

"O coordenador não sabe liderar as reuniões e ficamos sem proposta..."

"É perda de tempo... é Horário de Tempo Perdido e não Horário de Trabalho Pedagógico..."

"Não se aprende nada..."

Os coordenadores pedagógicos, por sua vez, queixam-se:

"Os professores não gostam de ler..."

"Os professores não gostam muito de falar das dificuldades de sua prática..."

"Os professores querem aproveitar o encontro para vender coisas..."

"Os professores só querem se lamentar sobre os problemas das classes."

São encontrados, também, casos em que professores e coordenadores aliados criticam o pouco tempo destinado a esses encontros, desejando ampliar o horário de reflexão coletiva, por considerá-lo fundamental para qualificar a prática docente.

E mais: são verificadas experiências em que coordenadores e professores criam espaço/tempo de encontros para reflexão, propondo dinâmicas produtivas e estimuladoras.

A partir dessas situações favoráveis, registramos neste artigo algumas sugestões para o coordenador pedagógico que deseja colaborar com seu grupo de professores, organizando um momento de reflexão prazeroso e conveniente à superação dos problemas cotidianos da profissão.

Escolhemos sugestões que possam auxiliar o coordenador em dois objetivos:

- favorecer a organização de uma estrutura e de uma rotina para os encontros de reflexão com os professores;
- favorecer a implementação em equipe do projeto pedagógico da escola.

Organizando o tempo

Para as situações em que se disponha de apenas duas horas semanais para a reflexão coletiva, como é o caso da Rede Estadual em São Paulo, vale a pena empenhar-se em concentrar todo o grupo de professores da escola em um momento comum, para garantir as discussões com o conjunto da equipe. É importante, também, que cada professor tente participar de duas horas seguidas com o grupo para não fragmentar as reflexões. Essa observação faz sentido para as escolas nas quais os professores se reúnem duas vezes por semana, uma hora para cada encontro. Muitos professores nessa situação têm reclamado de que o tempo do encontro não é suficiente para uma boa reflexão.

Como sugestão, registramos uma possibilidade já vivenciada em escolas da Rede Estadual de São Paulo. Trata-se da possibilidade de se contar com alunos-estagiários que seriam preparados para assumir a orientação das classes durante um período de três ou quatro horas, uma vez por semana, favorecendo o encontro dos professores em reuniões de maior duração. Esses estagiários podem ser oriundos de cursos de licenciaturas das áreas do ensino fundamental: Português, História, Geografia, Ciências, Matemática, ou de cursos de Magistério.

Dois aspectos interessantes se entrelaçam nessa possibilidade:

- a oportunidade de os alunos-estagiários assumirem de fato uma classe e atuarem em efetiva cooperação com os professores da escola;
- a oportunidade de os professores participarem de uma reunião de maior duração para darem conta de suas necessidades cotidianas na escola.

Essas soluções para a organização do tempo são pertinentes, pois ajudam as equipes escolares a crescer na elaboração conjunta do projeto de escola, mesmo em situações adversas. Porém, é importante lembrar que cabe à gestão institucional, às autoridades responsáveis pelo ensino o compromisso de valorizar os momentos de reflexão dos educadores, mediante a implantação de condições favoráveis a eles, como, por exemplo, a garantia mínima de três horas semanais remuneradas para essa reflexão.

Organizando a rotina da reflexão

Para a organização da rotina, registramos quatro possibilidades que dependem do objetivo a ser assumido para a reflexão.

Sugestão A

Se o objetivo for planejar e avaliar em conjunto as ações didáticas a serem desenvolvidas com os alunos, pode-se pensar na seguinte rotina:

- abertura da reunião, com o coordenador apresentando a pauta do dia e orientando a dinâmica de trabalho;
- momento de encontro entre os professores da mesma área do conhecimento para planejarem/avaliarem atividades específicas, sem deixar de referenciá-las nos princípios e concepções anteriormente anunciadas no projeto pedagógico;
- momento de encontro dos professores por ciclo ou série;
- momento para apresentação dos trabalhos de grupos;
- momento para avaliação do encontro.

Essa estrutura para a reunião de professores na escola é importante para o desenvolvimento do planejamento das aulas de cada professor e do planejamento dos projetos interdisciplinares que podem abarcar os temas transversais.

Sugestão B

Se o objetivo for desenvolver habilidades nas dimensões pessoais importantes para o desempenho do professor, tais como desenvolvimento da percepção de si e do outro, comunicação, criatividade, a rotina pode assumir a seguinte estrutura:

- momento inicial em que o coordenador apresenta a pauta e orienta a dinâmica do dia;
- momento de desenvolvimento de uma dinâmica adequada ao tema: percepção, observação, expressão corporal, criação;
- momento de planejamento dessa dinâmica a ser desenvolvida com os alunos;
- momento de avaliação.

Não é necessário que se trabalhe sempre com os alunos a dinâmica vivenciada pelos professores; trata-se apenas de uma possibilidade. Além disso, é possível o desenvolvimento de tais objetivos com os pais de alunos.

Sugestão C

Se o objetivo for o aprofundamento de um tema específico de interesse do grupo de professores, pode-se adotar a seguinte rotina:

Primeira reunião:

- momento inicial para apresentação dos pontos levantados pelo grupo sobre o tema em questão, anteriormente ao estudo;
- discussão desses pontos e organização de subtemas ou questões para estudos;
- distribuição de tarefas entre os professores, tais como seminários sobre autores ou vídeos para serem analisados.

Reuniões posteriores:

- apresentação por parte de um professor de síntese contendo os assuntos tratados na última reunião;
- apresentação de um autor ou de um vídeo;
- discussão dos problemas percebidos pelo grupo a partir do autor ou do vídeo;
- avaliação.

Sugestão D

Se o objetivo for realizar uma troca de experiências entre os professores para a sistematização das práticas construídas com os alunos, temos as seguintes observações e uma possibilidade de estrutura para a reunião:

Observações:

1. O coordenador pode solicitar que os professores selecionem, de sua experiência docente, uma ação que desejem apresentar aos colegas.

2. Pode-se negociar com os professores a dinâmica de apresentações. Por exemplo: se todos irão se apresentar no mesmo encontro, deve-se eleger um critério para apresentação, pois a administração do tempo é fundamental para que todos falem. Assim, talvez seja conveniente combinar que destaquem da própria experiência aspectos relativos às dificuldades ou aos êxitos.

3. Se o tempo de reunião não for suficiente para a apresentação de todos, pode-se organizar uma ou duas apresentações por encontro.

4. O mais importante, porém, é a sistematização das questões e dos procedimentos narrados pelos professores. Para tanto é fundamental que o coordenador faça sínteses após as apresentações e discussões e oriente os professores para registrar suas experiências e as questões discutidas na troca.

Uma estrutura possível para atender tais observações seria:

- momento de apresentações;
- momento de problematizações e discussões;
- momento de sínteses e registros;
- momento de avaliação.

Construindo uma metodologia

A organização do tempo e da rotina de reflexão requer que professores e coordenadores desenvolvam habilidades e metodologias que garantam uma crescente comunicação, manifestando dúvidas, dificuldades, problemas, bem como acertos e descobertas.

A conquista de um clima de confiança para discussão de acertos e erros deve ser enriquecida com a possibilidade de registro dos saberes elaborados por diferentes grupos de educadores, em diferentes espaços educacionais.

Metodologias interessantes para estas conquistas vêm sendo implementadas por diversas instituições formadoras, e neste artigo destacamos duas referências para divulgação aos leitores.

A primeira diz respeito à metodologia identificada por "homologia dos processos", segundo a qual recomenda-se que o formador ou coordenador pedagógico utilize, nos encontros de reflexão com os professores, as mesmas dinâmicas e os mesmos objetivos que deveriam ser trabalhados com os alunos. Por exemplo, se o projeto pedagógico de certa escola postula avaliação constante por meio de diferentes instrumentos para os alunos, o coordenador poderia utilizar esse princípio de avaliação para os professores nas reuniões pedagógicas. Embora utilizada por diversos educadores há anos, essa proposta vem sendo bastante divulgada nos trabalhos de formação do Centro de Estudos da Escola da Vila, em São Paulo.

Outra metodologia para análise e sistematização dos saberes elaborados sobre a prática docente vem sendo implementada e divulgada nos trabalhos de formação do Espaço Pedagógico, instituição coordenada por Madalena Freire e equipe. Essa metodologia fundamenta-se em uma reflexão problematizadora sobre a prática a partir de observações do real e de registros sistematizadores dessas observações. Observar a prática, registrando percepções, problemas, avanços, dúvidas e dificuldades pode ampliar a habilidade de leitura reflexiva sobre o real e favorecer a autonomia compreensiva e de intervenção do sujeito que observa e escreve sobre seu fazer pedagógico.

Associada à homologia dos processos, a reflexão por meio de observação e registro constitui-se em oportunidade de construção de saber sobre a docência e pode nortear a prática do coordenador junto aos professores para que estes desenvolvam habilidade de leitura reflexiva acerca da própria experiência e do projeto pedagógico da escola.

Ao coordenador seria conveniente a pesquisa sobre dinâmicas para observações, para registros e também para objetivos, tais como: desenvolvimento de expressão corporal e oral, desenvolvimento de criatividade e de percepção de si e do outro. Esses objetivos são cada vez mais valorizados por professores em seu cotidiano com os alunos. Além de os cursos de Pedagogia e licenciaturas ainda não terem assumido de forma generalizada em seus currículos o trabalho com essa diversidade de habilidades exigidas pela prática docente, cada realidade escolar exige respostas específicas a seus desafios que podem ser elaboradas nos momentos de reflexão que envolvem a equipe de professores e coordenadores.

A transformação das reuniões que acontecem na escola em espaços de reflexão e produção de saberes sobre a docência exige uma metodologia proposta e dirigida pelo coordenador pedagógico, cuja liderança é essencial para que tais reuniões não assumam a condição de Horário de Trabalho Perdido. Liderança é algo que abarca, inclusive, características pessoais, já presentes na identidade/subjetividade do coordenador, antes mesmo de ele assumir essa função. Mas, se entendemos que identidade e subjetividade apresentam a possibilidade de movimento, transformando-se e recriando-se, podemos afirmar que a liderança do coordenador é, também, algo que se constrói com a experiência, aliando-se desejo de liderar e reflexão sobre o modo de ser coordenador.

Procuramos apresentar aqui algumas sugestões já verificadas em diferentes modos de ser coordenador; modos que favoreceram a comunicação entre coordenadores e professores. São sugestões. Requerem tradução e adequação caso compreendidas como úteis.

Concluindo:

Os momentos de reflexão que acontecem nas escolas:

- representam uma conquista dos professores;
- requerem tempo e metodologia para reflexão a fim de se constituírem em espaço de comunicação efetiva entre professores;
- significam oportunidade para a construção do projeto de escola;
- significam oportunidade para formação pessoal e profissional;
- significam espaço de autoria e compreensão da própria experiência.

Referências bibliográficas

BARROSO, João. (org.). *O estudo da escola*. Porto, Porto Editora, 1996.

CAMARGO, F.; DAVINI, J.; FREIRE, M. e MARTINS, M. C. *Avaliação e planejamento: a prática educativa em questão. Instrumentos metodológicos II*. São Paulo, Espaço Pedagógico, 1997.

_____. *Grupo; indivíduo, saber e parcerias: malhas do conhecimento*. São Paulo, Espaço Pedagógico, 1997.

_____. *Observação, registro, reflexão*. São Paulo, Espaço Pedagógico, 1995.

FREIRE, Madalena (org.). *Rotina: a construção do tempo na relação pedagógica*. São Paulo, Espaço Pedagógico, 1992.

GARCIA, Olgair G. *Refletindo sobre a aula: descobrindo um caminho para formação do educador na Escola Pública*. Dissertação de mestrado, São Paulo, PUC, 1995.

GAYOTTO, M. Leonor e outros. *Líder de mudança e Grupo operativo*. Petrópolis, Vozes, 1985.

NÓVOA, António (org.). *Os professores e sua formação*. Lisboa, Publicações Dom Quixote, 1993.

_____. (org.). *As organizações escolares em análise*. Lisboa, Publicações Dom Quixote, 1995.

PICHON-RIVIÈRE, Enrique. *O processo grupal*. São Paulo, Martins Fontes, 1982.

_____. *Teoria do Vínculo*. São Paulo, Martins Fontes, 1988.

7

O coordenador pedagógico e o desafio das novas tecnologias

Maristela Lobão de Moraes Sarmento
Professora da Universidade Mogi das Cruzes – SP

"São três os analfabetismos por derrotar hoje: o da lecto-escritura (saber ler e escrever), o sociocultural (saber em que tipo de sociedade se vive) e o tecnológico (saber interagir com máquinas complexas). Toda escola incompetente em algum desses aspectos é socialmente retrógrada."
Assmann, 1998, p. 32

O mundo e a escola

Há cerca de duas décadas, temos visto nos meios de comunicação, em artigos especializados e em outros tipos de publicação o debate acerca do impacto das *novas tecnologias* na sociedade. Aldeia global, era da informação, sociedade do conhecimento, comunidades e aprendizagem são algumas das expressões que de algum modo buscam representar esses fenômenos impactantes.

Está cada vez mais claro que a humanidade não pode limitar-se a aceitar os avanços positivos que as novas tecnologias proporcionam e tratar suas consequências negativas como inevitáveis. Ela precisa estar atenta, prever acontecimentos e ser conscientemente ativa. Mais que informação e conhecimento, o que precisamos é aumentar nossa capacidade pessoal de entender as coisas, de aprender e descobrir, de adaptar e inventar sob uma perspectiva crítica. E não apenas para encontrar espaço no mercado de trabalho, mas também para entender e usufruir os novos modos de existir.

O cidadão atual tem de possuir saberes que o habilitem a, por exemplo, extrair um saldo bancário de um terminal, operar um videocassete, manipular computadores e, principalmente, decidir sobre seu futuro.

Há bem poucos anos, podíamos notar que as escolas eram relativamente refratárias à invasão de tecnologias nas rotinas de ensino. O avanço da tecnologia se deu de tal modo em todos os campos de atuação humana que as escolas viram-se ameaçadas diante da recusa de encarar os fatos de seu tempo histórico.

Hoje, já faz parte do universo escolar a entrada da tecnologia. No entanto, é ingênuo e limitante esperar que simplesmente introduzindo a melhor tecnologia em sala de aula possamos educar melhor. O trabalho com as novas tecnologias na escola está na ordem do dia, o que depende, essencialmente, do trabalho de seus educadores. Nesse sentido, deve haver um significativo desenvolvimento de pessoas na instituição educacional e não basta pensar em formação de professores para trabalharem com a indumentária tecnológica. É preciso mais! A entrada das novas tecnologias nas escolas não deve ser encarada como a continuidade um pouco sofisticada do quadro pedagógico existente, mas sim como uma possibilidade de ruptura do paradigma[1] de ensino-aprendizagem hegemônico. Essa é a força da inovação.

Conforme Postman (Barato, 1997, p. 115), "*a mudança tecnológica não é nem aditiva nem subtrativa*", mas de mudança total, de ruptura. Em si, ela não acresce nem diminui competências ou incompetências da escola, não vai desatar os nós do enfadamento do ensino, muito menos "salvar" o sistema educacional da crise

---

1. Para Thomaz Khun, paradigma é a mudança de teoria que muda substancialmente as visões de mundo; os conceitos que permanecem do velho paradigma têm seu sentido alterado.

didático-pedagógica instaurada. A entrada das novas tecnologias na educação alterará o paradigma educacional, mais cedo ou mais tarde, com as correspondentes consequências no perfil e na formação dos educadores. Esse fenômeno não é novo: onde quer que as novas tecnologias da informação e comunicação tenham sido aplicadas, houve transformações fundamentais, dos bancos aos hospitais, das residências ao cinema etc.

Precisamos começar a desmistificar, entre os educadores, a visão mecanicista e reducionista de que tecnologia é máquina, é ferramenta. Tecnologia não pode ser confundida com aparato tecnológico, com máquina. Tecnologia é conhecimento aplicado, é saber humano embutido em um processo, seja esse processo automático ou não, implique artefato ou não. Nova tecnologia é, antes, uma mudança no *fazer* que frequentemente embute uma correspondente mudança de *concepção*.

Para que as novas tecnologias efetivamente viabilizem o novo, novas leituras do mundo serão necessárias; assim sendo, não faz sentido colocá-las a serviço dos velhos ideais de ensino. É uma questão de mudança de formas de pensar e agir. Há um novo papel que precisa ser criado e incorporado pelos educadores.

Por entender que a principal função do coordenador pedagógico é contribuir na formação continuada e em serviço dos professores, chegamos à questão deste artigo: *Como os coordenadores pedagógicos podem ajudar os professores a trabalhar de forma qualificada com as novas tecnologias nas escolas?* A resposta correta é: preparando-se adequadamente para isso.

Como se preparar para esta caminhada?

Projetos de cunho institucional estão em andamento ou sendo implementados por estados, municípios e mesmo pelo governo federal. Um bom exemplo são os NRTEs, distribuídos em todo o país, que objetivam assessorar as escolas e formar educadores para o trabalho pedagógico com o uso dos computadores. Em São Paulo, como em outros estados, a FDE — Fundação do Desenvolvimento da Educação — e a SEE/SP têm projetos específicos de formação para o uso de computadores nas escolas. No entanto, precisamos olhar o tamanho de nosso universo e também o tamanho das necessidades de nossos educadores: são centenas de milhares pelo Brasil, a grande maioria com nenhuma ou muito pouca intimidade com as novas tecnologias... Olhando assim, parece distante o momento em que estaremos todos aptos a trabalhar de forma pedagogicamente qualificada com as novas tecnologias.

Não haverá solução razoável que possa depender exclusivamente das iniciativas institucionais. Se depender dessas iniciativas, a atual geração de educadores brasileiros será, em grande parte, prejudicada, desqualificando-se e ficando à margem deste importante momento histórico. É indispensável que os educadores sejam incentivados a desenvolver projetos pessoais de formação profissional. Para ocuparem a posição de sujeitos do processo de inovação tecnológica nas escolas será preciso muito autoinvestimento, dedicação, capacidade de se entender como um profissional que habita um mundo regido por esta nova ordem.

Alguns terão a chance de passar por cursos de extensão que a cada dia começam a aparecer em maior quantidade, outros terão a oportunidade de fazer mestrado ou doutorado na área. No entanto, devido aos velhos problemas de desigualdade e também por opção, uma grande parcela poderá contar somente com os cursos promovidos pelos órgãos públicos, e estes precisarão se empenhar ainda mais para poder exercer a difícil tarefa que lhes cabe neste final de milênio: resgatar uma dívida histórica e auxiliar na formação de professores para atuarem em um cenário em constante processo de mudança.

Uma outra questão precisa ser considerada: é comum ouvirmos falar que nossos alunos aprendem com maior facilidade a lidar com a tecnologia, e isso é verdade. Essa linguagem faz parte da geração deles: acessar botões, interagir com aparelhos sofisticados, manusear *joysticks* em comandos de jogos elaboradíssimos, nada disso os perturba. Isso, porém não quer dizer, de forma alguma, que não podemos exercer nossa função, mesmo não tendo a mesma familiaridade que têm nossos alunos com essa linguagem tecnológica.

O desenvolvimento de um educador faz-se pelas possibilidades que teve na vida, desde as de caráter sistemático, como a escolarização, até a simples forma de viver em sua cultura. Se em seu universo pessoal os contatos com essas novas tecnologias se deram de forma escassa ou empobrecida, teremos de superar essa dificuldade. O que não podemos é agir como se o mundo fosse o mesmo de anos atrás, como se as tecnologias não afetassem nossa existência e de nossos alunos e, ao mesmo tempo, nos sentirmos despreparados para acompanhar o desenvolvimento deles: isso poderá fazer ruir o edifício das relações e da própria educação.

Algumas ideias

Não pretendo aqui distribuir um receituário de como trabalhar com novas tecnologias, nem suprir a carência dos cursos de formação, até mesmo porque já identificamos que é preciso uma mudança de atitude e para isso não há receita. Podemos, sim, ficar atentos a alguns elementos que nos darão sustentação e que, assim, poderão contribuir neste processo contínuo de formação para o trabalho.

O princípio elementar é que o coordenador pedagógico deve ter intimidade com o computador e suas expressões. Vamos a alguns exemplos de ações básicas nesta empreitada:

- **É preciso conhecer alguns dos softwares chamados de aplicativos:** pelo menos processador de texto, planilha eletrônica e software de apresentação (como, por exemplo, Word, Excel, Power Point). Por quê? Os aplicativos são softwares que, quando bem utilizados, aumentam a produtividade e a qualidade do trabalho. Serão muito usados pelos professores e alunos e possuem um ótimo potencial de utilização pedagógica. Conhecendo esses aplicativos, será possível ao coordenador orientar seus professores no sentido de melhor prepararem suas aulas, como também pensarem juntos sobre como utilizar esses aplicativos como ferramentas pedagógicas. Por exemplo: como orientar os alunos para a produção de textos em conjunto com o auxílio do Word; ou como representar o resultado de uma pesquisa por meio do Excel; ou, ainda, como organizar um seminário temático utilizando os recursos do Power Point. Esses são pequenos exemplos que poderão se transformar em grandes atividades pedagógicas se conseguirmos uma interação com vários professores, com os alunos, com a própria comunidade. Enfim, é preciso uma pitada de criatividade, é preciso refletir sobre as experiências, é preciso partir de possibilidades concretas, mas, além de tudo isso, é preciso um trabalho de coordenação pedagógica por trás para que isso possa ser estabelecido com boa qualidade.

- **É preciso conhecer o maior número possível de softwares educacionais.** Por quê? Como todo material pedagógico, existem os que agregam e os que não agregam qualidade aos processos de ensino e aprendizagem. É preciso explorar esses softwares, verificando suas reais potencialidades, o modo como eles se acomodam ao projeto pedagógico de sua escola, as estratégias de sua utilização didático-pedagógica, observando se motivam a participação ativa do aluno, se podem realmente promover a produção de conhecimento, se seu conteúdo específico pode entrelaçar-se com outras disciplinas curriculares promovendo trabalhos conjuntos, se seu conteúdo está correto, se está isento de discriminações de raça, credo...

- **É preciso procurar, ler e difundir materiais produzidos sobre essa temática.** Por quê? Vamos começar relembrando que tecnologia não é aparato tecnológico, é conhecimento aplicado e, portanto, fruto de teorias e gerador de novas teorias. Por ser um campo novo para todos, é normal que as diversas áreas do conhecimento se debrucem sobre o tema a fim de responder às suas questões. Vivemos, portanto, um período de grande produção teórica, sendo que muitas delas surgem a partir de pesquisas em experiências concretas. Precisamos entrar nessa roda para não perder o trem da história. É preciso saber o que estão escrevendo; é preciso também produzir materiais sobre nossas experiências e divulgá-los, ainda que seja no âmbito interno de nossa escola; isto já é um começo, mas vamos tentar não parar por aí.

- **É preciso conhecer a maior rede de informações do mundo, a Internet.** Por quê? A capacidade de obter e manipular informação é fator decisivo na construção do conhecimento. A Internet amplia a possibilidade de comunicação, de troca e, portanto, se faz mediadora no processo de ensino-aprendizagem. Ao ajudar nossos professores a entrar nesse mundo novo, navegando pelos saberes da humanidade, perceberemos as constantes transformações do conhecimento e seu caráter efêmero. Em última instância, a incorporação por parte dos professores de uma atitude investigativa desenvolverá em nossos alunos o prazer pela pesquisa, que pensamos ser a única e verdadeira forma de viabilizar uma educação contemporânea.

Muitos outros pontos poderiam ser explorados. Afinal, orientar, educar e cooperar para que nossos alunos e professores entendam a linguagem de nosso tempo, ajam criticamente e com criatividade, sejam capazes de aprender e considerar o aprendido a cada instante, sejam capazes de perceber, conviver e compreender a diversidade cultural, tudo isso num mundo altamente mutante e permeado pelas novas tecnologias, é o desafio emergente mais instigante para os coordenadores pedagógicos neste fim de milênio. Muito precisa ser dito, discutido e refletido. Isso é apenas um pano de fundo para novas reflexões; uma pegada em meio à floresta riquíssima de possibilidades que estamos em via de conhecer.

Referências bibliográficas

ASSMANN, Hugo. *Reencantar a Educação: rumo à sociedade aprendente.* Petrópolis, Vozes, 1998.

BARATO, Jarbas Novelino. Informação e Comunicação no Ensino Superior: novos apoios ao ensino e à pesquisa, in RODRIGUES, Maria Lucia e FRANCO, Maria Laura Barbosa (orgs.). *Novos Rumos do Ensino Superior,* São Paulo, PUC- NEMESS, 1997.

8
O coordenador pedagógico
e as reformas pedagógicas

Cecília Hanna Mate
Professora da Faculdade de Educação da USP
hannamate@usp.br

É possível discutir o espaço de trabalho do professor coordenador pedagógico (PCP) por diferentes caminhos e com diferentes perspectivas. Já abordei esse tema pelo aspecto institucional, enfatizando as marcas históricas da hierarquia escolar e os riscos de definir a função de professor coordenador pedagógico sem enfrentar essas marcas tão presentes na estrutura escolar, ainda que travestidas de novas e modernas teorias (Mate, 1998a). Naquele momento ressaltei que a reinvenção da função do PCP no enfrentamento das questões do espaço escolar poderia abrir possibilidades de caminhar na contramão de uma lógica histórica de hierarquia escolar muitas vezes bloqueadora de ações mais criativas. Portanto, mais do que definir, tratava-se de explorar as pequenas e variadas possibilidades inventivas da função, já que esta ressurge junto com uma série de outras mudanças na educação e na sociedade, criando situações que, contraditoriamente, tem imposto o debate e a busca de caminhos ainda não trilhados.

Pretendo agora retomar aspectos que ficaram anteriormente sugeridos e fazer algumas relações do trabalho do PCP com reformas de ensino, fenômeno que vem se acelerando desde meados da década de 1980, culminando hoje num contexto de inúmeras inovações[1]

---

1. Refiro-me, principalmente, às inovações feitas no âmbito da Secretaria da Educação do Estado de São Paulo nos últimos anos (sala-ambiente, classes de aceleração, flexibilização, ciclos, redefinição da HTPC e outras), lembrando que a própria introdução da função do professor coordenador faz parte desse processo de inovações.

na educação, algumas legítimas e necessárias, outras nem tanto, mas que no geral precisam ser historicizadas.

Assim, problematizar a função do PCP[2] nesse panorama levou-me a percebê-la num contexto bem mais amplo, tanto no tempo como no espaço. O contexto espacial já vem sendo discutido na medida em que o trabalho do PCP se articula com vários outros setores da vida escolar (direção, pais, alunos, funcionários e comunidade em geral). A reflexão relacionada à questão do *tempo* implica uma análise que ultrapassa a função do PCP com seus interlocutores e obriga-nos a acompanhar um pouco as alterações que o ensino tem sofrido, historicamente, mediante diferentes reformas. Em pesquisa concluída recentemente (Mate, 1998b), percebi que as *reformas* como fenômeno histórico tem sido utilizadas também como dispositivo de regulação social no sentido de criar periodicamente novas regras para o viver social. Vistas sob esse ângulo, as *reformas*, ao mesmo tempo que lançam e/ou reformulam programas e métodos de ensino, também alteram modos de organizar o tempo, o espaço e o saber escolar, sugerem modos de pensar/fazer educação, estabelecem outros padrões de comportamento[3].

Esses traços inerentes às reformas, mas que pouca atenção recebem quando buscamos "soluções" para a escola, podem ser muito reveladores se problematizados, uma vez que produzem efeitos na vida dos escolares que perduram para além da vida escolar e por isso mesmo merecem profunda reflexão de

---

2. A análise que será feita aqui foi inspirada, inicialmente, nas experiências captadas nos cursos de educação continuada com PCPs, realizados ao longo de 1998. Mas a reflexão acabou sendo estendida para um panorama histórico mais amplo por força de estudos de história da educação que realizei simultaneamente àqueles cursos e que imbricaram-se neste artigo.

3. É importante registrar que as próprias reformas de ensino ocorrem em determinado espaço social, variável no tempo, e que, portanto, influenciam as relações sociais e são influenciadas por determinadas relações de forças. Assim, não há "independência" das ideias pedagógicas contidas nas reformas, uma vez que guardam uma relação inextrincável com as lutas sociais e relações de poder.

nossa parte. Levando esse raciocínio para o âmbito mais geral da educação, diria que as reformas carregam o modo como o conhecimento sobre educação e suas correspondentes políticas regulamentam as ações, traçam limites, preveem comportamentos e criam linguagens coletivas.

Um breve mergulho em nossa história, mais especificamente a partir de 1920, pode revelar como as reformas de ensino organizaram um conjunto de conhecimentos sobre educação projetando a figura do professor como agente *redentor*[4], ou seja, aquele agente cujo papel é o de "redimir" o aluno de sua condição de "não civilizado", transformando-o, em nome do progresso, num sujeito produtivo. A década de 1920 era, então, um período "efervescente" da sociedade brasileira, e as reformas que a partir daí são realizadas nos estados[5] foram muito marcadas pelo ideário da *Escola Nova* (um conjunto de ideias sobre educação e escola produzido na Europa e Estados Unidos e que, embora tenha abrigado diferentes tendências entre si, ficou conhecido como *Escola Nova*). Essas ideias foram adaptadas entre nós pelos "renovadores da educação" que procuraram, por meio das reformas, tornar a escola um espaço de formação da nacionalidade e de preparação para a sociedade produtiva. Esse conjunto de conhecimentos sobre educação envolvia desde o *porquê* da escola, *o que e como* o aluno deveria aprender, em que *tempo*, *ritmo e quantidade*, quais *comportamentos* deveria incorporar, passando pela organização do *espaço* escolar, sua *divisão e esquadrinhamento*, os critérios de *seriação e de avaliação*, a fabricação/formação de um *modelo* de professor que se ajustasse a tais *demandas*, até a complexa e lenta montagem de uma rede hierárquica de funcionamento da estrutura escolar. Esta última era

---

4. Tomamos o termo do pesquisador norte-americano T. Popkewitz (1998), que analisa o processo histórico da escolarização sob a ótica das *reformas* e problematiza dimensões que ao longo do tempo foram se "naturalizando".
5. Ceará, Pernambuco, Bahia, Rio Grande do Norte, Minas Gerais, Paraná, São Paulo e Distrito Federal realizaram reformas de ensino *renovadoras* na década de 1920.

justificada por crescentes e variadas especializações que teriam por objetivo dar respostas aos conflitos, diferenças e contradições, que foram se tornando cada vez mais evidentes no âmbito escolar quanto mais a sociedade tornava-se complexa.

Para atingir essa *competência* o professor deveria ser *reformado*: assim as reformas pedagógicas prescreviam, por meio de seus ideários, novos métodos e programas de ensino que traziam subjacentes modos de pensar a disciplina, o conteúdo, a educação, o aluno, o espaço escolar, criando *verdades* sobre educação nas quais o professor deveria construir sua prática. Constituíam-se, assim, conceitos de escola/professor/aluno, seus respectivos objetivos e papéis sociais. A compreensão da escolarização como fenômeno histórico implica, pois, perguntar quando, como e por que a instituição escolar começou a criar as bases para a estrutura que possui hoje, em relação tanto à lógica do currículo, à formação e ao papel do professor, como à organização espaço-temporal das atividades pedagógicas. Acreditamos que reflexões dessa natureza podem nos ajudar a discutir com mais profundidade os significados de diferentes reformas antes de aceitá-las como um progresso em si mesmo, como pode fazer crer a ideia de *reforma*. Pelo contrário, muitas vezes reformas surgem mais para adaptar a escola às mudanças e interesses que surgem na sociedade do que para transformá-la.

Nesse sentido, destaco uma das características mais marcantes das reformas *inovadoras*[6] que é a própria racionalização do tempo dos indivíduos na instituição escolar, algo que de tão "naturalizado" já não é percebido como histórico, ou seja, construído por lento processo de desapropriação de saberes, criação de relações pedagógicas impessoais e formais, imposição de programas à re-

---

6. Refere-se a adjetivo usado pelas reformas de ensino desde a década de 1920 até a atualidade, mas que carregam diferenças. Exemplo disso é o que estamos vivendo hoje em relação às inovações que a própria LDB/96 indica no que diz respeito à autonomia da escola. Por que hoje os sistemas de ensino de vários países buscam formar esse professor, aluno e escola autônomos? Qual a relação da pretendida autonomia com alguns interesses sociais? Como os sistemas de avaliação nacionais se relacionam com a autonomia?

velia de professores, organização burocrática do tempo e horário escolares, hierarquia de funções etc.[7] São formas que resultaram de um longo movimento de disciplinarização dos corpos em espaços e tempos determinados e que hoje se apresentam como parte da escolaridade. Isso permite perceber até que ponto o processo de escolarização, junto a outras instituições, contribuiu para instaurar e justificar outras formas de poder e de racionalização da existência que ultrapassam sua finalidade aparente.

Com essas palavras tentei indagar sobre o significado histórico de modernizações na educação. Isso significa que, antes de buscar o lado positivo implícito na ideia de *reforma*, talvez nosso maior desafio fosse pensar sobre como foram fabricadas *verdades* em educação e como cada um de nós opera essas *verdades* em nossa prática. Dito de outro modo, o desafio seria buscar o sentido do que fazemos, dos comportamentos que incentivamos e desestimulamos com nossas práticas.

Assim, ao historicizar o processo de escolarização no âmbito de reformas de ensino, procurei mostrar que a função do PCP pode significar mais um elo de reforço na hierarquia escolar já estruturada e não necessariamente uma transformação em si mesmo. Posta dessa forma, a questão se torna controversa pois entende o espaço do PCP como uma responsabilidade que não é unicamente da função mas de todo um funcionamento em que se interpenetram formas de poder de professores, administradores escolares, funcionários cujas práticas muitas vezes reproduzem relações autoritárias que os discursos da atual reforma pretendem criticar.

Em decorrência dessas reflexões, penso que situações singulares são, ao final, as formas com as quais, e sob as quais, pode-se refletir sobre o pensar e fazer que circunda o trabalho do PCP que é a escola. Embrenhar-se nas experiências individuais do que tem sido esse trabalho significa matizá-lo, dar-lhe algum sentido e, sob o risco de não se alcançar um "quadro geral" da

---

7. Sobre o tema da racionalização do tempo nos espaços escolares ver o trabalho de J. Varela (1996).

situação, pode-se, em contrapartida, refletir sobre experiências inventivas de caminhar na contramão, disseminá-las e, quem sabe, estimular outras invenções. Ao narrar dissabores bem como pequenas e grandes alegrias, é que vamos conseguindo vislumbrar outros modos, novos modos, desse lugar que antes de tudo é de relações sociais de poder.

Referências bibliográficas

MATE, C. H. "Qual a identidade do professor coordenador pedagógico?". In: GUIMARÃES, A. A., MATE, C. H. et alii. *O Coordenador pedagógico e a educação continuada*. São Paulo, Loyola, 1998a.

_____. Um projeto de educação nacional: o discurso da racionalidade produzindo um modelo de escola para São Paulo dos anos 30. Tese (Doutorado) Faculdade de Ciências e Letras (Depto.de História), UNESP, 1998b.

POPKEWITZ, T. "A administração da liberdade: a cultura redentora das ciências educacionais". In: WARDE, M. J. (org.). *Novas políticas educacionais*. São Paulo, Programa de estudos pós-graduados em educação: história e filosofia da educação da PUC/São Paulo, 1998.

VARELA, J. "Categorias espaço-temporais e socialização escolar (do individualismo ao narcisismo)". In: COSTA, M. V. (org.). *Escola básica na virada do século (cultura, política e currículo)*. São Paulo, Cortez, 1996.

9

A dimensão relacional no processo de formação docente: uma abordagem possível

Laurinda Ramalho de Almeida
Vice-coordenadora e professora do Programa de Estudos Pós-graduados em Educação: Psicologia da Educação da PUC-SP
laurinda@pucsp.br

"As coisas por sabidas não são ditas e, por não serem ditas, são esquecidas."
Pablo Neruda

O termo abordagem que aparece no título tem o sentido que lhe é atribuído por Giorgi (1978). Para esse autor, abordagem designa o ponto de vista em relação ao homem e ao mundo que o cientista traz, ou adota, com respeito ao seu trabalho. Então, objetivos, pressupostos, tendências, pontos de vista teóricos, critérios fazem parte da abordagem. A força de uma abordagem, insiste ele, provém da experiência direta de algo que foi eficaz — é a expressão da compreensão de como se deu um processo.

É por concordar que vale a pena falar dessa compreensão de processo, e por considerar que é prazeroso falar de um conhecimento que tem o sabor da experiência, que me proponho a tentar explicitar a abordagem que tem direcionado minha atuação como formadora, embora concorde com Giorgi que essa tarefa é interminável, isto é, ninguém jamais poderia tornar completamente explicitadas todas as características de sua abordagem.

Na verdade, a pretensão é bem modesta — enquanto formadora, percebi que minha ação se tornava mais eficaz quando alguns princípios a embasavam. É sobre eles que gostaria de refletir aqui.

Primeiro, um esclarecimento: em meu processo de tornar-me professora, orientadora educacional e pedagógica, pesquisadora e, mais recentemente, orientadora de dissertações e teses, sempre me impressionou o papel das relações interpessoais, tal como proposto por Rogers (1977):

> "Confio nas pessoas — em sua capacidade de explorar e compreender a si mesmas e a seus problemas e em sua capacidade de solucionar esses problemas — em qualquer relação próxima, duradoura, em que eu possa prover um clima de calor e compreensão autênticos".

O pressuposto rogeriano, a crença de que as pessoas possuem dentro de si mesmas os recursos para a autocompreensão e para a modificação de seu autoconceito, de suas atitudes e, consequentemente, de seus comportamentos, e que esses recursos podem ser ativados, se houver um clima psicológico facilitador, influenciou minha forma de atuar.

A teoria psicogenética de Wallon veio complementar a compreensão que tinha do fenômeno relacional discutido por Rogers. Ao estudar, em Wallon, o homem como uma pessoa completa, considerada em suas relações com o meio e em seus diferentes domínios, afetivo, cognitivo e motor, pude entender melhor a importância da afetividade — aqui englobando emoções, sentimentos e paixões, em sua relação com a cognição. E reafirmar a importância do outro na formação do Eu.

1. Ouvir-falar

> "O senhor me ouve, pensa e repensa, e rediz, então me ajuda."
> Guimarães Rosa

No contexto da teoria rogeriana, ouvir está ligado às condições facilitadoras, condições necessárias para que uma relação interpessoal seja produtiva. É a ocorrência das três condições

— consideração positiva incondicional, empatia e congruência — que permite uma relação de pessoa para pessoa.

É importante lembrar que as condições facilitadoras estão intimamente relacionadas. Placco (1978) justifica assim o entrelaçamento delas: é importante que o facilitador apresente alto grau de empatia; mas para que ele seja sensível ao outro é preciso que ele o aceite como a pessoa que é; portanto, dificilmente se pode ter empatia sem que se tenha também consideração positiva incondicional. Mas essas duas condições só terão sentido se forem autênticas.

Quando alguém é ouvido (e compreendido), isso traz uma mudança na percepção de si mesmo, por sentir-se valorizado e aceito. E, por sentir-se valorizado e aceito, pode apresentar-se ao outro sem medo, sem constrangimentos. Por isso, a relação empática está intimamente ligada à construção da identidade, pois "a identidade é percebida quando o próprio eu é apresentado a outro" (Scheibe, 1984, p. 10).

Gordon (1974) retomou esse construto na situação educacional — para que um clima de empatia se estabeleça, a habilidade de ouvir deve ser privilegiada. Gordon propõe um "ouvir ativo" que constantemente testa o que está sendo ouvido com o que está sendo dito. É o "ouvir, pensar e repensar — e redizer" de Guimarães Rosa que, então, ajuda.

O que tudo isso tem a ver com o processo de formação? Nesse processo, os professores estão aprendendo, e há sempre um desconforto no ato de aprender, que se traduz por uma resistência. O reconhecer-se como não sabendo algo, em vez de despertar o desejo de aprender, pode promover um bloqueio. A resistência é um mecanismo de defesa regulador, que "representa a reação do organismo à mudança, a fim de manter a estrutura do Eu. Em outras palavras, a defesa representa uma oposição a toda mudança suscetível de atenuar ou desvalorizar a estrutura do Eu" (Mahoney, 1976, p. 44). Essa reação, às vezes, se manifesta por expressões do tipo: "Não vale a pena". "Já tentamos isso." "Aqui não vai dar certo". "Com nosso tipo de aluno, nem tentar!" Uma nova proposta que leva a pessoa a mudar pode ser vista como um atentado contra sua experiência, seu conhecimento, seu desempenho e, portanto, é uma ameaça à sua identidade. É por isso que sentir-se aceita, valorizada, ouvida com suas experiências, percepções, sucessos e insucessos, faz com que a ameaça seja diminuída, tornando a pessoa mais aberta à nova experiência.

O ouvir-falar é sempre via de mão dupla — formando e formador são parceiros num diálogo constante.

2. Cultivar a leveza

> *"É preciso ser leve como o pássaro, e não como a pluma."*
>
> Ítalo Calvino, citando Paul Valéry

Em *Seis propostas para o próximo milênio*, Ítalo Calvino enuncia os valores literários que merecem ser preservados para o novo século: leveza, rapidez, exatidão, visibilidade, multiplicidade, consistência.

Fala da leveza como o esforço para retirar o peso das pessoas, das coisas, das cidades. Embora estivesse focalizando a literatura e, nela, a busca da leveza como reação ao peso de viver, entendemos que a leveza, assim apresentada, é muito mais que um valor literário — é um valor de vida e, como tal, importante nos processos de formação.

Calvino (1994, p. 19) afirma:

> "Cada vez que o reino do humano me parece condenado ao peso, digo para mim mesmo que à maneira de Perseu eu deveria voar para outro espaço. Não se trata absolutamente de fuga para o sonho ou o irracional. Quero dizer que preciso mudar de ponto de observação, que preciso considerar o mundo sob outra ótica, outra lógica, outros meios de conhecimento e controle. As imagens de leveza que busco não devem, em contato com a realidade presente e futura, dissolver-se como sonhos..."

Essa é uma atitude muito importante no processo de formação — o formador precisa perceber que o outro está com o peso da responsabilidade de seu trabalho, de suas turmas, de seus deveres, de uma estrutura nem sempre adequada, sem parceiros para discutir. Pode-se até dizer que o magistério hoje, por razões que não nos propomos discutir aqui, é um corpo cansado. Quando o formador consegue levar o formando a ver as coisas que o incomodam de um novo ângulo, de outro ponto de observação e a ver, portanto, a figura em todos os seus lados, está cuidando da leveza. E, quando, nesse processo, consegue comunicar ao outro que ele é um parceiro, que tem alguém que o ajuda a carregar o peso, está cuidando não só da leveza como também despertando a esperança. E é preciso tentar algo mais: fazê-lo enxergar todos os ângulos com senso de humor, sem amarguras.

Calvino (1994, p. 28) afirma, ainda, que "leveza está associada à precisão e à determinação, nunca ao que é vago e aleatório"; e aí cita Paul Valéry: "é preciso ser leve como o pássaro, e não como a pluma". Esse é um dado muito importante: cuidar da leveza não é se deixar levar pelo aleatório, pelos casuísmos. É ser capaz de, tendo a visão do todo, como o pássaro quando sobrevoa vales, rios e florestas, definir uma meta e chegar lá. E há outro ponto a refletir nesse caminhar: é preciso não atropelar, é preciso respeitar o ritmo de cada um, é preciso dar o tempo certo.

Tirar o peso das coisas, das pessoas, das situações, é colaborar com a alegria, não só a alegria de um final de processo, do objetivo atingido, mas a alegria do percurso. Paulo Freire esclarece essa alegria:

> "A alegria não chega apenas no encontro do achado, mas faz parte do processo de busca. E ensinar e aprender não podem dar-se fora da procura, fora da boniteza e da alegria".

3. Exercitar o planejar coletivo

"O que eu vi, sempre, é que toda ação principia mesmo é por uma palavra pensada. Palavra pegante, dada ou guardada, que vai rompendo rumo."

Guimarães Rosa

Minha tese de doutorado teve como objeto de estudo o "Projeto Reestruturação técnico-administrativa e pedagógica do ensino de

1º e 2º graus da rede estadual, no período noturno", que ficou conhecido como Projeto Noturno, e foi desenvolvido por 152 escolas, nos anos de 1984 e 1985. Esse Projeto serviu de base para que tais escolas elaborassem seu próprio Projeto Noturno, a partir de sua problemática específica, solicitando dos órgãos centrais da Secretaria da Educação o que consideravam necessário para viabilizá-las. Em 1986, entrevistei os diretores, coordenadores, professores e alunos de seis escolas que conseguiram sucesso na execução de seu Projeto Noturno. Os discursos revelam que os resultados obtidos, como diminuição do índice de evasão, melhoria do relacionamento professor-aluno, mudança das técnicas de ensino, concentração de esforços dos professores e melhoria do rendimento dos alunos, foram decorrentes do fato de terem definido, com clareza, o que pretendiam atingir e de terem dado a primeira palavra na mudança de sua escola (Almeida, 1992).

A afirmação de uma coordenadora deixa claro que a mudança de postura alcançada pelos professores não se deu por acaso — ela era intencional:

"O nosso Projeto estava calcado em uma mudança de postura. Ela não ocorreu por acaso — estava prevista. Tudo o que se fez foi para que ocorresse. Ocorreu em função da própria postura; passamos a fazer reuniões pedagógicas, eram propostas mudanças de técnicas".

A intenção clara gerou uma atitude de busca de subsídios:

"Antes de implantar o Projeto, lemos muito sobre direitos, liberdade, responsabilidade. O professor começou a respeitar mais o aluno; um aluno que trabalha e vem estudar cansado. Começou a vê-lo com respeito" (professora).

"Outro ponto positivo do Projeto Noturno foi uma nova visão pedagógica... nós buscávamos Literatura; nós estudávamos até Filosofia da Educação, Filosofia Política, Antropologia, nós mergulhamos a fundo em várias experiências pedagógicas..., estudávamos, descobrimos texto, discutíamos. Então, nós partimos para uma outra forma de trabalhar com os alunos" (coordenadora).

Naquela oportunidade, ficou evidente que, em cada escola, diretor, coordenador e professores firmaram-se como grupo porque tinham de lutar por uma intenção comum, coletivamente proposta. Os professores perceberam que é possível desenvolver competência trabalhando de forma integrada — e passaram a investir numa capacitação coletiva — somando esforços, trocando experiências, estudando teorias, elaborando planos. Foi o momento em que se entrelaçaram os projetos individuais com o projeto coletivo, o momento em que os professores conseguiram articular a dimensão pessoal com a profissional, e estas com a organizacional.

Uma coordenadora esclareceu esse ponto de forma convincente:

"Sim, foi muito gratificante. Primeiro, porque foi um trabalho conjunto, e eu só acredito em trabalho conjunto. E a grande frustração do magistério é que o meu trabalho pode ser bom, pode não ser bom, mas, enfim, mesmo quando ele consegue ser bom, é sempre um trabalho individual. E eu não acredito em trabalho individual em educação. Então, você trabalha com uma classe, por exemplo, com uma dificuldade qualquer em Português, mas se os colegas não trabalham em conjunto, se ninguém discute a questão, a coisa vai acontecendo milimetricamente. Você perde seu esforço. Então, por isso foi particularmente gratificante..."

Em outra escola, a coordenadora observa:

"Tivemos conquista em vários níveis. Primeiro, foi a integração entre os professores. Essa integração foi construída... Essa integração se deu principalmente pela comunhão do ideal. Nós tínhamos uma causa — era como se fosse uma causa política, um ideal político a ser conquistado. Era um ponto de união maior — nós tínhamos um trabalho a ser feito em conjunto".

O exercício do planejamento passou pela discussão de definir com clareza os objetivos (a curto, médio e longo prazo), de registrar todo o processo de busca e de avaliá-los. Os professores perceberam que o saber da experiência e da formação, para atingir resultados, precisa ser refletido, formulado, organizado, sistematizado. É assim que ele se transforma em conhecimento.

Uma diretora enfatiza a necessidade de avaliação desse processo:

> "Foi significativo o Projeto porque estava formando nos professores e até nos alunos uma mentalidade de discutir, resolver, documentar e avaliar. Nós registrávamos, e o resultado não estava satisfatório. Vamos, então, rever, e a avaliação que diria até sistemática era uma retomada, a escolha de uma outra alternativa. 'Está certo? Está dando certo? Se não, vamos mudar'. Foi significativo porque foi um momento que nos permitiu viver a avaliação intensamente, não só a avaliação do aluno, mas a nossa. Foi significativo por tudo isso, e pelo resultado".

4. Permitir aflorar o vivido

> *"O que passou não conta?, indagarão*
> *as bocas desprovidas.*
> *Não deixa de valer nunca.*
> *O que passou ensina*
> *com sua garra e seu mel."*
>
> Thiago de Mello

Ao pesquisar o Projeto Noturno, acima citado, percebi, com nitidez, a vontade que os professores têm de partilhar com seus pares as experiências ricas que tiveram no transcorrer de sua vida profissional, desde que mobilizados para isso:

> "Foi muito gratificante o Projeto, apesar de tudo. Em primeiro lugar, porque foi uma oportunidade de colocar em prática, na rede comum de ensino, uma experiência que eu havia tido anteriormente — a experiência no Vocacional... Em segundo lugar, pelo próprio resultado que obtivemos aqui na escola..." (coordenadora).

> "Nesse tempo era professor de Estudos Sociais no 2º grau de uma escola e fui fazer o curso... Foi esse curso que deu as pistas para montar o Projeto Noturno aqui" (diretor).

Ao falar das experiências vividas, estamos constituindo o tempo, pois "o tempo somente é porque algo acontece, e onde algo acontece o tempo está" "... a cada novo acontecer as coisas preexistentes mudam o seu conteúdo e muda também a sua significação" (Santos, 1997, p. 115).

Permitir, portanto, que o vivido aflore tem uma forte implicação afetiva, que é um motor para aceitação de novas propostas de trabalho e, ao mesmo tempo, aumenta as possibilidades de releitura da experiência, em confronto com as situações do momento presente.

Toda vez que os professores recebem um "pacote pronto de formação", por melhor que ele seja, tem sentido e lógica para seus planejadores, mas nem sempre para os que serão os seus executores. Quando, no entanto, se consegue elaborar o projeto pedagógico a partir de experiências que foram significativas para seus participantes (relidas no contexto do hoje), a probabilidade de sucesso aumenta.

Canário (1998) expressa bem essa possibilidade quando fala de "substituir a lógica da reciclagem pela lógica da recursividade", quando o formador parte não das lacunas da formação, mas das possibilidades que os professores trazem em razão de sua vivência.

Tudo isso passa, evidentemente, pela organização da escola. É preciso que haja espaços para que os professores se encontrem, troquem suas vivências, reelaborem sua experiências e tenham retaguarda para implantar seus planos.

É importante lembrar sempre que:

> "Pensar a prática não é somente pensar a ação pedagógica na sala de aula, nem mesmo a colaboração didática com os colegas. É pensar a profissão, a carreira, as relações de trabalho e de poder nas organizações escolares, a parte de autonomia e de responsabilidade conferida aos professores, individual ou coletivamente" (Perrenoud, 1993, p. 200).

À guisa de conclusão

Ao longo deste trabalho, ao falar de minhas experiências com a formação tanto inicial como continuada, assumi que, na relação formador-formando, é preciso que haja espaço para que ambos se posicionem como pessoa. O dar ao outro a possibilidade de posicionar como pessoa significa aceitar que seu desempenho não depende tanto do que sabe, ou não sabe, mas do que é, de sua relação com o saber, com o aluno, com o colega, com a escola, com a profissão. É preciso que haja espaço para ser ouvido, para falar. A partir do diálogo formador-formando, em que as vivências são retomadas, as histórias são ressignificadas, os planos de formação podem ser elaborados. Não são necessários grandes planos, mas planos que retratem uma situação da própria escola, que retratem a vida que há na escola e que só é realmente conhecida pelos que nela habitam, um plano que retrate as falhas e as conquistas.

Assumi, portanto, que a formação continuada deve estar centrada na escola, prioritariamente. Concordo com Canário (1998) quando diz que "a escola é o lugar onde os professores aprendem". É o lugar onde os saberes e as experiências são trocadas, validadas, apropriadas e rejeitadas.

Assumi que é no cruzamento dos projetos individuais com o projeto coletivo, nas negociações aí implicadas, que a vida da escola se faz e que, quanto mais os projetos individuais estão contemplados no coletivo, maior a probabilidade de sucesso destes.

Nós, formadores, não podemos esquecer que "iremos ao encontro do próximo milênio sem esperar encontrar nele nada além daquilo que seremos capazes de levar-lhe" (Calvino, 1990, p. 41).

O Relatório Delors, elaborado por Comissão Internacional constituída pela UNESCO (1999) para discutir a educação para o século XXI, afirma que a educação dos cidadãos para o novo século deve assentar-se em quatro pilares: aprender a conhecer, aprender a fazer, aprender a viver juntos e aprender a ser.

Nesse contexto, o professor precisa ser, utilizando as expressões de Canário (1998): "um analista simbólico, um artesão, um profissional da relação e um construtor de sentido". É para esse novo perfil de professor que nós, professores-formadores, temos de nos capacitar ao entrar no novo milênio, o que significa assumir que nossa própria identidade — porque identidade é metamorfose — precisa se modificar para atender às solicitações deste novo tempo.

Referências bibliográficas

ALMEIDA, Laurinda R. *O Projeto Noturno: incursões no vivido por educadores e alunos de escolas públicas paulistas que tentaram um jeito novo de caminhar.* Tese de doutoramento, PUC-SP, 1992.

CALVINO, Ítalo. *Seis propostas para o próximo milênio.* São Paulo, Companhia das Letras, 1990.

CANÁRIO, Rui. *A escola: o lugar onde os professores aprendem.* Conferência proferida na PUC-SP em 27.11.98. Mimeo.

GIORGI, Amedeo. *A Psicologia como ciência humana: uma abordagem de base fenomenológica.* Belo Horizonte, Interlivros, 1978.

GORDON, Thomas. *TET – Teacher Effectiveness Training.* New York, David Mc Kay Co, Inc, 1974.

MAHONEY, Abigail A. *Análise lógico-formal da teoria de aprendizagem de Cal Rogers.* Tese de doutoramento, PUC-SP, 1976.

PERRENOUD, P. *Práticas pedagógicas, profissão docente e formação.* Lisboa, Pub. Dom Quixote, 1993.

PLACCO, Vera M. N. S. *Um estudo teórico de conceito de congruência em Carl Rogers.* Dissertação de Mestrado, PUC-SP, 1978.

ROGERS, Carl. *Remarks on the future of client – centered therapy.* In: WEXLER, D & Rice, I. Inovations in client – centered therapy. New York, John Willey and sons, 1974.

SANTOS, Milton. *A natureza do espaço. Técnica e tempo. Razão e emoção.* São Paulo, Ed. Hucitec, 1997.

SCHEIBE, Karl. *Identidade, memória e história.* In: Prismas, PUC-SP, 1984.

UNESCO – *Educação, um tesouro a descobrir.* São Paulo, Cortez Ed., 1999.

10

Saberes e sentimentos dos professores

Maria Ilza Mendonça Santos
Professora do Ensino Fundamental
da Prefeitura de São Paulo

"Que as ações confirmem as palavras."
Gilberto Cury

"Viva sua vida ao máximo. Extraia o máximo de cada instante, de cada dia, assim, você poderá olhar para a frente confiante e para trás, sem remorso... Ouse ser diferente e seguir sua estrela... E, quando um desafio exigir sua ação, tome sua decisão tão sabiamente quanto possível... lembre-se de que Deus ajuda aqueles que se ajudam."
Sedeh El Dib

O corpo docente ouve diariamente que precisa estudar a teoria para repensar sua prática. Constantemente estão a lhe apontar suas falhas e a forçá-lo a refletir sobre formas de amenizá-las. Este texto tem como objetivo principal oferecer elementos para que o coordenador construa uma reflexão de interesse dos professores no aprimoramento de suas práticas.

A vida do professor oscila entre momentos de alta e de baixa. Nos momentos de alta, seu ego é massageado e sua autoestima, alimentada. Os momentos de baixa o estimulam à reflexão e à tomada de decisões.

Há quem pense que é uma vida monótona e repetitiva, porém não é o que de fato ocorre.

A cada ano novas turmas e a cada dia novo desafio. Olhar para todos e para cada um, para cada um e para todos. Perceber suas necessidades e descobrir como atendê-las em particular, dentro de um grupo como um todo: esta é a dinâmica diária na profissão docente.

O cansaço e o desgaste contrastam com os momentos de realização em que percebe ter atingido seu objetivo.

Ano novo, após as férias, os primeiros momentos de seu retorno à escola são de comentários sobre o descanso e os passeios, todos se cumprimentam e contam as novidades. É, mas as férias findaram e é hora de pôr a mão na massa. Descansado, ele tem muitas ideias que deseja pôr em prática, precisa de um tempo para conversar com os colegas e juntos planejarem o início do trabalho, como será o primeiro contato com os novos alunos, como diagnosticar o novo grupo de trabalho para saber de onde partir antes de determinar aonde poderá chegar.

A primeira semana é toda de reuniões, o que ele acha inviável. Melhor seria se deixassem pelo menos um dia de planejamento para depois de algum tempo de contato com a classe, mas isso não é ele quem decide.

Primeiro dia: informes administrativos, quem fica, quem sai, quem muda de função, horários etc. Também é o momento em que ele fica sabendo que três classes foram fechadas, três de seus colegas ficarão sem trabalho e ele terá um número maior de alunos, e, se já não era fácil com trinta e cinco, agora com quarenta, cinquenta é melhor nem pensar, mas ele se preocupa e procura um meio de atendê-los, sabe que deve haver alguma solução, talvez formando grupos... Ele está apreensivo e temeroso com a nova situação, mas é início de ano, ele está bastante disposto e animado, o desafio o estimula a refletir.

Segundo dia: aprovar o calendário escolar que já está pronto e que de certa forma acaba sendo imposto. Para cumprir duzentos dias letivos apela-se para as festas aos sábados. Quatro, seis, oito sábados em que deverá trabalhar. Ele não se nega a trabalhar nas festas, pois sabe que elas têm um valor social de integração da comunidade, mas contesta que esses eventos contem no calendário como dia letivo; afinal, a folga aos sábados é um direito adquirido a duras penas e montar o calendário dessa forma é dar brecha à perda desse direito.

Terceiro dia: O serviço de secretaria está atrasado, ainda não verificaram se a documentação dos alunos está completa nas pastas. Também não foi definido o espaço físico, que classe ocupará cada sala etc. Mas... professor está sempre disposto a colaborar, e hoje é dia de solicitarem a ele que execute essas tarefas para que se comece o trabalho com a parte burocrática em dia. Realmente ele atende ao pedido, porém pergunta-se: esta semana não seria reservada para o planejamento? Quando teremos tempo para elaborar o que vínhamos pensando a respeito da continuidade dos projetos iniciados no ano anterior? Estávamos tão animados ao final do ano, nas férias as ideias amadureceram em nossas cabeças. Quando poderemos conversar a respeito? Ele está ansioso.

Quarto dia: Retomada das avaliações finais do ano anterior. Ele se anima, agora vamos traçar juntos os objetivos gerais da escola. Doce ilusão... eles já estão prontos, ele discute, concorda com algumas coisas, discorda de outras, é polêmico o assunto e, ao final, ele descobre que até o plano está pronto e que o tema central a ser trabalhado já está definido. Não adianta chiar, ele não tem escolha. Ele se decepciona, as coisas não vão acontecer como havia planejado...

Quinto dia: Finalmente chegou a hora de planejar, mas não é só o diagnóstico como ele desejava. Ele terá de planejar em um único dia, para o ano todo, por ciclo e por área dentro de um tema que ele não escolheu, que não pesquisou, do qual não tem ideia nenhuma formada em sua cabeça, e as coordenadoras não se fazem presentes nesse momento pois estão ocupadas com outros afazeres.

Ele tenta, discute, esbraveja cheio de dúvidas, enfim decide fazer como acredita que deva ser, embora pressinta a necessidade de melhoras, e leva o planejamento para que o coordenador avalie e oriente. Este mal olha e diz que está ótimo.

Ele volta confuso e indignado. Não consegue entender. O discurso não bate com a ação. Dizem que ele tem de partir do que o aluno sabe e dar condições para que ele cresça e construa seu conhecimento. Para ele, isso é uma nova prática, ele ainda está aprendendo, ele tem dúvidas sobre como fazer, mas tem muitas ideias que precisam ser compartilhadas e discutidas, mas como se não lhe dão tempo nem espaço? Como ele vai tirar dúvidas? Quem vai construir esse conhecimento com ele? Ninguém considerou seus planos, mas ele é criativo e dará um jeito de colocá-los em prática mesmo dentro das condições impostas. É início de ano, e ele está com toda energia e disposição, ele está em alta.

Definida sua sala de trabalho, ele verifica que as carteiras e cadeiras continuam sem as borrachinhas que ele solicitou durante todo o ano anterior. Parece bobagem, mas ele gosta de trabalhar em grupos e o movimento das carteiras faz muito barulho, atrapalha as outras classes e, ao final do ano, fica estressado.

Quarenta e dois alunos, tenta colocá-los em círculo, mas o espaço não é suficiente. Com paciência, ajeita-os em dois círculos e começa a trabalhar, precisa conhecê-los. Primeira observação do grupo como um todo: há duas turmas extremamente distintas, uma que acompanha, rende e logo se agita, pois tem de esperar que os demais terminem, e estes não terminam, precisam de auxílio individual. O que fazer agora? Procura os colegas e estão todos no mesmo conflito. Ouviram dizer que isso é bom, que as crianças aprendem umas com as outras, mas como trabalhar essas diferenças? Ele não sabe, sente-se impotente e amedrontado, mas sabe que alguma coisa precisa ser feita.

Na sala dos professores um bilhete das CPS: "Estaremos com vocês no mês que vem".

A raiva lhe toma de súbito. Ele sabe que durante o ano lerão textos para refletir, textos que dizem que ele não trabalha ou que não sabe trabalhar. Ele não pode negar que existam os acomodados mas estes não ouvem o que é lido nem participam das discussões, eles não refletem nem mudam porque não querem mudar. E ele, que faz, que pensa, que se preocupa tem de ouvir e se enraivecer. Por que não lhe dão a mão? Por que não leem textos que o valorizem, que o estimulem? Por que não o elogiam? É início de ano e ele que chegou tão animado já está em baixa. É hora de refletir e decidir. Junto com seus colegas ele lamenta, discute, propõe alternativas, testa, erra, acerta, avalia, corrige e segue adiante subindo e descendo. É de mãos dadas que ele vai superando obstáculos, pois a solidão é insuportável. Só pode contar com seus iguais, eles se entendem, se apoiam, desanimam e se enchem de energia novamente. A cada acerto um prazer que ele compartilha e comemora, pois essa é sua profissão e dela depende sua sobrevivência e realização; assim, ele segue em frente lutando, ultrapassando obstáculos e crescendo como profissional e como pessoa. É assim que se sente vivo, que se sente gente, gente que dá sua contribuição na construção de um mundo melhor e mais humano.

Para concluir, pretendo afirmar a importância de o coordenador pedagógico considerar e valorizar os sentimentos e os saberes dos professores, do mesmo modo que se recomenda a eles que valorizem os conhecimentos e sentimentos dos alunos. Tal princípio constitui o início de uma relação reflexiva mais efetiva porque permite aos professores reconhecerem em seus saberes os aspectos a serem superados e os aspectos a serem aperfeiçoados e preservados.

FSC MISTO
Papel produzido a partir de fontes responsáveis
FSC® C008008

Edições Loyola

editoração impressão acabamento
Rua 1822 nº 341 – Ipiranga
04216-000 São Paulo, SP
T 55 11 3385 8500/8501, 2063 4275
www.loyola.com.br